Travel with kids 第2版

畅游世界　在旅行中成长

带孩子游英国

《亲历者》编辑部　编著

中国铁道出版社
CHINA RAILWAY PUBLISHING HOUSE

图书在版编目（CIP）数据

带孩子游英国／《亲历者》编辑部编著 . —2 版 . — 北京：
中国铁道出版社，2017.5
（亲历者）
ISBN 978-7-113-22745-6

Ⅰ.①带… Ⅱ.①亲… Ⅲ.①旅游指南—英国 Ⅳ.①K956.19

中国版本图书馆CIP数据核字（2017）第005823号

书　　　名：带孩子游英国（第 2 版）
作　　　者：《亲历者》编辑部 编著

策划编辑：聂浩智
责任编辑：孟智纯
版式设计：袁英兰
责任印制：赵星辰

出版发行：中国铁道出版社（北京市西城区右安门西街 8 号　邮编：100054）
印　　刷：北京顶佳世纪印刷有限公司
版　　次：2015 年 9 月第 1 版　2017 年 5 月第 2 版　2017 年 5 月第 1 次印刷
开　　本：880mm×1230mm　1/32　印张：8　字数：280 千
书　　号：ISBN 978-7-113-22745-6
定　　价：48.00 元

大本钟

英国是一颗位于大西洋北部的耀眼明星，散发着无与伦比的光芒。这个古老又现代的国度，在风云变幻里留下了太多的传奇，吸引着我们前去探寻。国外亲子旅行，怎么能不带孩子去看看这个数万人向往的绅士之国？

风靡全球的《哈利·波特》就足够引起孩子们对英国的向往，这里还诞生了《爱丽丝梦游仙境》这个深受孩子们喜欢的童话故事。来英国绝对会让孩子们乐翻天。

英国每一个城市都有自己的特色，古老与现代共生的伦敦，莘莘学子聚集的牛津与剑桥，汇集苏格兰气息的爱丁堡，流行音乐之都利物浦……每一个城市都有让英国人引以为傲一面。在伦敦，伦敦眼和海德公园等待着你和孩子去释放童心，大英博物馆则为你和孩子呈现了独一无二的艺术殿堂。在牛津与剑桥，可以让孩子放飞自己的梦想，在梦寐以求的学府里漫步，想必别有一番乐趣吧。在爱丁堡，迷人的皇家英里大道和王子街是和孩子散步的绝佳地，儿童博物馆、王子街花园则会让你和孩子的休闲之旅充满欢乐。在足球之城曼彻斯特，如果能看一场英超顶级比赛，那无疑是羡煞旁人的足球盛宴了。在流行音乐之都利物浦，甲壳虫乐队的摇滚乐是你们放飞身心的绝好选择。

英国的美是一言难尽的，以上列举的几大旅游城市是不是就已经让你怦然心动了呢？那就赶快带着孩子来英国吧。除了特色十足的城市之外，英国的自然美景也格外迷人，闻名世界

的湖区国家公园就是典范，宛如仙境的山水风光会满足你对世外桃源的幻想。

　　带孩子在英国旅行，不需要有后顾之忧，四通八达的交通、让人垂涎欲滴的美食、完善的公共服务设施会让你的行程无比轻松惬意。此外，英国的主要城市基本上都有华人、华侨聚集，很轻易就能找到祖国同胞帮忙。

　　本书详细介绍了英国主要的旅游城市，如伦敦、爱丁堡、牛津、剑桥、曼彻斯特等，并对每个城市最适合带孩子游玩的景点做了详细阐述，更有贴心的亲子行程百搭路线，让你的行程变得非常轻松。如果你想和孩子一探绅士之国的美好，就带上这本书，踏上前往英国的旅程吧！

目录

PART1：带孩子出行的那些事
035 >> 079

PART2：带孩子游伦敦
081 >> 111

目录

PART3：带孩子游爱丁堡

带孩子游英国

PART4：带孩子游牛津

137 >> 157

目录

PART5：带孩子游剑桥
159 >> 183

带孩子游英国

PART6: 带孩子游曼彻斯特

185 >> 209

PART7: 带孩子游约克

211 >> 231

PART8：带孩子游利物浦

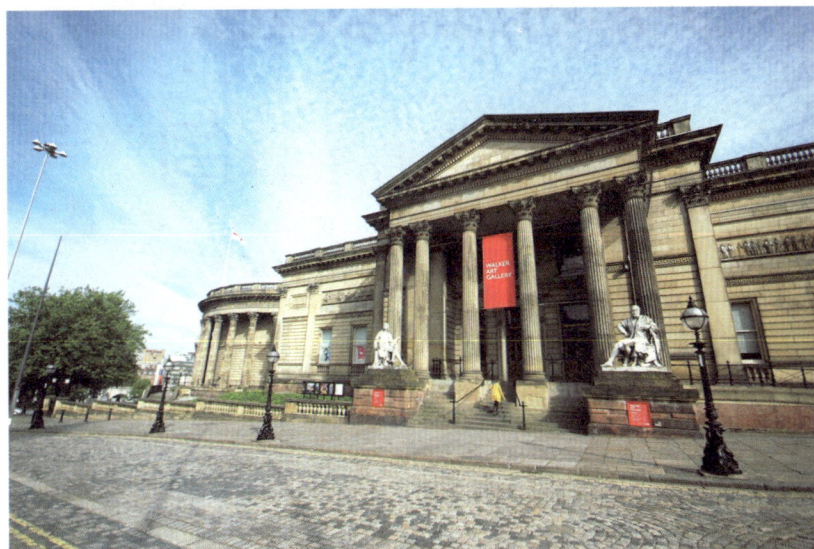

目录

畅游世界，在旅行中成长

带孩子游英国

导读

边学边玩
游英国

哈利·波特与魔法石（节选）

J·K·罗琳

带孩子游英国

他拦住了一名路过的警卫，却不敢提及"九又四分之三站台"。那个警卫也从没听说过霍格沃茨这个地方，所以当哈利甚至说不出这地方大致是在哪个方位时，警卫开始不耐烦了，认为哈利一定是在捉弄他。哈利向警卫询问11:00开出的列车，却被告知根本没有这趟车。最后，那警卫口中骂骂咧咧地走开了。列车进出站时间表上方的大钟告诉他，他距离搭乘开往霍格沃茨的列车只剩10分钟了，但他不知该如何才能办到。他只有手里拎着的那几乎重得提不起的皮箱，兜里揣着的大把魔幻钞票，和他那只大猫头鹰朋友一起傻站在站台中央。

哈格力一定是忘了告诉他一些一定要做的事，比如说，要敲敲左边第三块砖才能进入戴阿富道。他纳闷是否应该拿出魔杖在第九、十两个站台间的车票箱上敲一敲。正巧，一群人从他身后走过，他听见只言片语："……当然，和马格人捆在一起……"

哈利转过身，发现刚才说话的是一个肥胖的女人。她正和4个长着火焰般红发的小男孩讲着什么。男孩们每个人都在推着一个和哈利携带着的一样的箱子，而且他们都有一只猫头鹰。

……

"对不起！我想问个问题。"

哈利对胖女人说。

"哦，你好，可爱的孩子。"她笑着说，"第一次来霍格沃茨吧？罗恩也是新来的。"

她指指她那最小的儿子。那孩子又高又瘦又弱，长长的鼻子两旁的面颊上长满雀斑，手掌和脚掌都很粗大。

"没错，我第一次来这儿。这……我……我不知道怎样……"

"怎样到站台上去？"她和蔼地问。哈利点点头。

"别担心，你只要径朝第九、十站台中间的检票栏走过去就行了，别停下来也别怕会撞上它。如果你感到紧张的话，就小跑过去。好，你先去吧，罗恩会跟着你去的。"

"嗯，好吧。"

哈利将他的手推车掉转过头，眼睛瞪着检票栏，它看上去牢不可破。

他开始向它走去。走向第九站台和第十站台的人群不停推挤他。他走得更快了。他把车票箱撞得粉碎，接着才是最麻烦的事——他将身体前倾，几乎倚在了手推车上，这时他不顾一切飞快地跑了起来。检票栏越来越近了，他已经不能停住脚步了，小车也已失控，只有咫尺之遥了，他闭上了眼睛就要撞上了……

他什么也没碰到，仍在飞跑着，他慢慢睁开眼睛……

一辆红色的蒸汽机车正在一个人山人海的站台停着。车头正中一块标志鲜明地写着"霍格沃茨号特快列车，11:00整发车"几个大字。

哈利回过头去，发现原本放置车票箱的位置，现在是一个铁栏门，上面标着"九又四分之三站台"，他成功了！

蒸汽机车喷出的烟在不停说话的人群头上聚集起来，而各色的猫儿在人们的鞋边转来转去。猫头鹰们让人心烦地相互叫嚣着。它们的叫声压过了人们拖、拉、拍、敲沉重的皮箱时发出的噪音。

爱丽丝梦游仙境·兔子洞里(节选)

刘易斯·卡罗尔

爱丽丝和姐姐一道坐在河岸上,没什么可做,乏味极了。她朝姐姐正在看的书瞟了两眼,既没插图又没对话。"这书有啥看头,连插图对话都没有!"爱丽丝小声说。

于是,她就想(使劲地想,因为天好热,昏昏欲睡),值不值得爬起来去采些野菊花来编个花环呢?忽然,一只有着粉红色眼睛的小白兔从身边跑过。

这没啥可大惊小怪的。爱丽丝听到兔子自言自语"噢,天哪!要迟到了!"的时候,也不觉得奇怪。但是,当兔子从背心口袋里掏出一只怀表,看一眼又匆忙跑走时,爱丽丝一下跳了起来。因为她突然意识到还从没见过穿背心的兔子,更没见过从口袋里掏出只表来的兔子。怪事!她撒腿就追,穿过

田野,正好看到兔子钻进田边一个很大的兔洞中。

爱丽丝跟着就往洞里钻,以后怎么出来,她连想都没想。兔洞笔直向前,然后突然向下。爱丽丝来不及停下就一脚踩了下去,掉进一口深井里。

要么是井太深,要么是掉下去的速度太慢,反正爱丽丝一边往下掉一边还来得及望向四周,琢磨接下来会发生什么事情。她先往下看,想知道自己要掉到哪里去,可是太黑,什么也看不清。再朝两边看,发现井壁上全是碗橱和书架,到处挂着地图、画片什么的。她顺手从一个架子上取下个罐子,发现上面贴着一张写着"橘子酱"的标签,可惜罐子是空的。她没把罐子乱

扔，怕掉下去砸死下面的人。就想法子把罐子放在路过的一只碗橱上。

"得啦！"爱丽丝自言自语，"像这么往下掉一次，以前摔下楼梯真不算回事了，家里人会认为我好勇敢哟！以后就算从房顶上摔下来，我也提都不提啦！"

往下掉，往下掉，掉进无底洞了吗？"真不知已掉下去多深了？"她大声道，"肯定快到地心了吧？让我想想，那就该掉下去3000千米了（你瞧，爱丽丝在学校里这类东西倒学了不少，虽说这时旁边没人听，不是炫耀自己学问的好机会，不过能背出这些数字来，也算做做练习）。对！大概就是这个距离。可是这里的经纬度是多少呢（爱丽丝对经纬度是怎么回事一点儿也不明白，不过她觉得这些字眼儿又大又好听）？"

雾都孤儿（节选）

狄更斯

孩子们吃饭的地方是一间宽敞的大厅，一口钢锅放在大厅一侧。开饭的时候，大师傅在锅边舀粥，他为此还特意系上了围裙，并有一两个女人替他打杂。按照这样一种过节一般的布置，每个孩子分得一碗粥，绝不多给——遇上普天同庆的好日子，会增发一点面包。粥碗从来用不着洗，孩子们喝完了粥之后都会用舌头把碗舔得锃亮了才住手。这绝对花不了多少时间，汤匙险些就有碗那般大了。他们坐在那

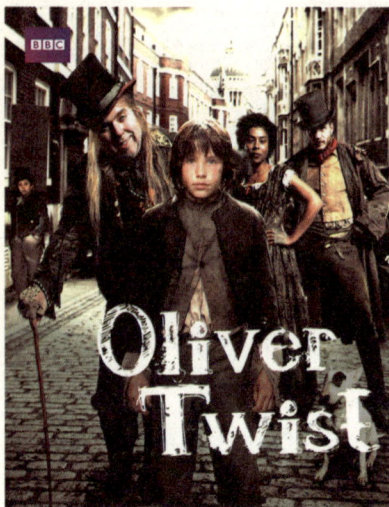

儿，眼巴巴地瞅着铜锅，恨不得把垫锅的砖也给吞下去，同时他们下死劲地吸着手指头，决不放过可能掉落下来的粥粒。男孩子大都有一副呱呱叫的好胃口。3个月以来，奥立弗·退斯特和同伴们一起忍受着慢性饥饿的煎熬。到后来实在饿得顶不住了，都快发疯了，有一名男童个子比同龄人高一些，又向来没挨过饿，阴沉着脸向同伴们暗示，除非每天额外多给他一碗粥，否则难保哪天晚上他不会把睡在他身边的那个孩子吃掉，而那又偏巧是个年幼可欺的小不点。他说话的时候眼睛里闪动着野性的饥饿目光，孩子们没有不相信的。大家开了一个会，抽签决定谁在当天傍晚吃过饭以后到大师傅那里去再要一点粥，奥立弗·退斯特中签了。

黄昏时分，孩子们坐到了各自的位子上，大师傅穿着厨子衣服，往锅边一站，两名贫妇站在他的身后。粥一一分发到孩子们手中，冗长的祷告念完之后便是短暂的进餐时间。碗里的粥一扫而光，孩子们交头接耳，向奥立弗使眼色，这时，邻桌用胳膊肘轻轻推了他一下。奥立弗尽管还是个孩子，却已经被饥饿逼得什么都顾不上，只能铤而走险了。他从桌边站起来，手里拿着汤匙和粥碗，朝大师傅走去，开口时多少有一点被自己的大胆吓了一跳。

"对不起，先生，我还要一点。"

大师傅是个身强体壮的胖子，他的脸唰地变白了，好一会儿，他愕然不解地紧盯着这个造反的小家伙，接着他有点生气了，贴在锅灶上。帮厨的女人由于惊愕，孩子们由于害怕，一个个都动弹不得。

"什么？"大师傅好不容易开了口，声音有气无力。

"对不起，先生，我还要。"奥立弗答道。

大师傅操起勺子，照准奥立弗头上就是一下，又伸开双臂把他紧紧夹住，尖声高呼着："快把干事叫来！"

干事们正在密商要事，邦布尔先生一头冲进房间，情绪十分激昂，对高椅子上的绅士说道：

"利姆金斯先生，请您原谅，奥立弗·退斯特还要。"

全场为之震惊，"还要！"利姆金斯先生说，"镇静，邦布尔，回答清楚。我应该没有听错，你是说他吃了按标准配给的晚餐之后还要？"

"是这样，先生。"邦布尔答道。

"那孩子将来准会被绞死，"白背心绅士说。

对这位绅士的预见，谁也没有反驳。理事会进行了一番热烈的讨论。奥立弗立即就被禁闭起来。第二天早晨，大门外边贴出了一张告示，说是凡愿收留奥立弗·退斯特者酬金5英镑。换句话说，只要有人，不论是男是女，想招一个徒弟，去从事任何一种手艺或买卖，都可以来领5英镑现金和奥立弗·退斯特。

格列佛游记·小人国之旅（节选）

斯威夫特

看来我上岸以后，被人发现躺在地上，就有人专差报告了皇帝，所以他早就知道了这事，于是开会决定把我绑缚起来（这是在夜间我睡着时干的），又决定送给我充足的酒肉，并准备一架机器把我运到京城。

这一决定也许太大胆也太危险了，我敢说在同样情形下，任何一位欧洲的君主都不会效仿此方法的。不过，他们这么做既慎重又很宽宏大量，因为假如这些人趁我睡着的时候企图用矛和箭把我杀了，那我一感觉疼痛，肯定就会惊醒过来，那样或许就会使我大怒，一气之下用力挣断绑着我的绳子，到那时，他们无力抵抗，也就不能指望我心慈手软了。

这些人是十分出色的数学家，在皇帝的支持与鼓励下，他们机械方面的知识也达到了极其完美的程度。这个君主有好几台装有轮子的机器，用来运载树木和其他一些重物。他们用树林里产出的木材建造大型的战舰，有的长达2米，然后就用这些带轮子的机器将战舰运到两三百米以外的海上去。

这次500个木匠与工程师立即动手建造他们有史以来最大的机器。这是一座木架,高约7厘米,长约2米,宽约1米,装有22个轮子。看来是在我上岸后4小时之后他们就出发了,我听到的欢呼声就是因为这机器运到了。机器被推到我身边,与我的身体平行。

对于他们来说,主要的困难是怎样把我抬起来放到车上去。为此他们竖起了80根30厘米高的柱子,工人们用绷带将我的脖子、手、身子和腿全都捆住,然后用极为结实的绳索,一头用钩子钩住绷带,一头缚在木柱顶端的滑车上。900名最强壮的汉子一齐拉绳索,用了不到3小时,就把我吊起来并放到了车上。在车上我依然被捆得结结实实。不过,这一切全都是后来别人告诉我的,因为在他们工作的时候,由于掺在酒里的催眠药药性发作,我睡得正香呢。1500匹强壮高大的御马,每匹都约有11厘米那么高,拖着我向800米之外的京城走去。

细数英国
地理之最

带孩子游英国

最高的山峰
本内维斯山

本内维斯山（Ben Nevis）是英国的最高峰，位于苏格兰西部洛恩湾的东北端。即使其海拔不高，山顶在冬季还是白雪皑皑。恶劣的天气状况是本内维斯山的标志，一年中山顶被乌云笼罩时间长达350多天之久，降雨量也达4000多毫米，这给登山者造成极大的困难。另外，本内维斯山的山路非常陡峻，很多地方是悬崖峭壁。这些不利因素反而激发了登山者挑战的热情，每年有超过10万名登山者前来挑战。

本内维斯山档案	
分类	详情
中文名称	本内维斯山
外文名称	Ben Nevis
特性	不列颠群岛最高山峰
孩子玩点	一睹险峻山峰，畅游旁边的威廉堡
海拔	1347米
所属区域	格兰扁山
主要活动	本内维斯赛跑

最神秘的湖泊
尼斯湖

尼斯湖（Loch Ness）位于英国苏格兰高原北部的大峡谷中，非常狭长，北端有河流与北海相通。尼斯湖地区是一个风光优美的景区，湖水静谧、溪谷优美，周围有众多的建筑古迹。该湖两岸陡峭，而且湖水水温非常低，能见度也非常低，人们很难畅游其中，这一切让尼斯湖充满了神秘。尼斯湖最著名的还有传说中的"水怪"，吸引了许多人好奇的目光。

尼斯湖档案	
分类	详情
中文名称	尼斯湖
外文名称	Loch Ness
特性	颇为神秘的尼斯湖水怪
孩子玩点	在美丽的尼斯湖游玩，去附近的城堡参观
长度	37千米
最宽处	2.4千米
平均深度	200米
周围景点	奥古斯都堡、因弗内斯城堡

最大的湖泊
内伊湖

内伊湖（Lough Neagh）是英国北爱尔兰地区的一个淡水湖，也是英国第一大湖，西欧第三大湖泊。

内伊湖是典型的冰蚀湖。在湖湾，出土过爱尔兰已知最古老的人类手工制品。作为巴恩河上游的一个重要水源，有时候内伊湖也被认为是巴恩河的一部分。内伊湖提供了当地约40%的饮用水资源，地位非常重要。由于地处北爱尔兰平原区，内伊湖周围还是草原遍布，风景优美。

内伊湖档案	
分类	详情
中文名称	内伊湖
外文名称	Lough Neagh
特性	英国第一大湖
孩子玩点	在内伊湖乘坐帆船、看水鸟
面积	约396平方千米
注入河流	巴恩河、布莱克沃特河、梅恩河

最长的河流
塞文河

塞文河（Severn River）是英国境内最长的河流，源于威尔斯普林利蒙（Plynlimon）的东北坡，注入大西洋布里斯托海峡。塞文河是与泰晤士河齐名的著名河流，经过舒兹伯利、伍斯特以及格洛斯特等城镇。塞文河上有许多桥梁，其中较重要的有柏克莱维阿达克特铁路桥、塞文大吊桥。塞文河沿岸地质特色明显，景色优美，沿河漂流能欣赏到静谧的英格兰东岸风光。

塞文河档案	
分类	详情
中文名称	塞文河
外文名称	Severn River
特性	英国最长河流
孩子玩点	去河岸小镇游玩，沿河乘船游览美景
全长	约354千米
通航里程	约80千米

最著名的地质奇迹
巨人之路

巨人之路（Giants Causeway）位于英国北爱尔兰安特里姆平原边缘的岬角沿海岸悬崖的山脚下，是由大约3.7万多根六边形、五边形、四边形的石柱组成的玄武岩石柱堤道，看起来好像是人工凿成的，实际上全部是大自然的杰作，它们排列得井然有序，造型美轮美奂，让人叹为观止。众多造型奇特的石头是巨人之路最吸引人的地方，其中"巨人的靴子""烟囱管帽""大酒钵"和"夫人的扇子"等都非常出名。

巨人之路档案	
分类	详情
中文名称	巨人之路
外文名称	Giants Causeway
别称	巨人堤
特性	奇迹般的玄武岩石柱
孩子玩点	看各种造型逼真的石头及规则的玄武岩石柱
故事传说	芬恩·麦克库尔与芬·盖尔决斗
入选世界自然遗产名录的时间	1986年

百玩不厌的首选地

英国亲子游 TOP 榜

最值得带孩子游览的7大博物馆

TOP 1 大英博物馆

大英博物馆是世界上最大、最好的博物馆之一，为游客提供了无与伦比的视觉享受。这个汇集了来自世界各地艺术品的地方，是孩子们学习的乐土。自19世纪开始，大英博物馆在公共假期就吸引了大批各个年龄段的参观者，各色的艺术品绝对会让充满好奇心的孩子大开眼界。大英博物馆一直在扩建之中，新建的中庭阅览室更是孩子们学习的好地方。

TOP 2 英国科学博物馆

英国科学博物馆是世界上公认的第一座科学博物馆。博物馆里展出了英国工业和科学史上许多重要的发明，从瓦特发明的第一台蒸汽机、到各种现代勘测的装备应有尽有。此外，还展出有科学技术方面的实物原件、复制品、模型，并进行操作表演，方便人们学习。博物馆里还设有专门的儿童展馆，是孩子们同科学亲密接触的乐园。

TOP 3 英国自然历史博物馆

在英国各地有不少自然历史博物馆，而英国自然历史博物馆无疑是其中最大的一个了。相信孩子们一定对大自然的种种事物充满了热情，到了英国，怎么能不到这里一探究竟呢？博物馆拥有世界各地动植物和岩石矿物等标本约4000万件，并有大量的相关图书资料，是父母和孩子了解自然的不二之选。作为群众性科学活动的主要场所之一，博物馆有大量工作人员为游客服务。

TOP 4 福尔摩斯博物馆

福尔摩斯可以说是孩子们心中的侦探英雄，能够"一睹"这位名侦探的风采一定是许多孩子的梦想。在伦敦，人们按照柯南·道尔小说中的描述，"还原"出福尔摩斯的居所，并在此建立了福尔摩斯博物馆。这个博物馆里，完美地再现了小说里福尔摩斯的生活场景，你甚至还可带着孩子装扮成福尔摩斯拍张照。在博物馆周围区域的很多墙上，可以看见福尔摩斯的经典侧面像瓷砖。

TOP 5 科学与工业博物馆

第一次工业革命早已远去，但现在我们依然在享受着其带来的诸多好处。对于很多人尤其是孩子来说，那时的很多发明非常有趣，能够在几个世纪后一睹其风采可谓是一件十分美妙的事。在曼彻斯特的科学与工业博物馆，就能满足你和孩子的这个愿望。这个博物馆再现了英国工业革命时的情况，这里的展品全是活的，每天都被"使用"，颇为真实。

TOP 7 约克郡巧克力博物馆

在欧洲许多国家，比如英国、德国、意大利都有巧克力博物馆，而这个位于约克的约克郡巧克力博物馆就是其中非常著名的一座。这个巧克力主题博物馆主要由三大巧克力企业家族经营，以独特的视角向游客呈现了巧克力工业是怎样为约克这个美丽的北方城市添加风采的。这里绝对是一个口水直流的地方，赶快带孩子来这里参观并品尝甜甜的巧克力吧。

TOP 6 大英铁路博物馆

英国各种博物馆名目繁多，更有很多主题博物馆，大英铁路博物馆就是一座以铁路为主题的博物馆。这座博物馆以英国铁路发展和历史为主，展示了几个世纪的铁路尤其是机车的变化，展品丰富，很受欢迎。百头铁路机车和接近200辆其他类型的铁路车辆是博物馆最吸引小朋友的地方。

最值得带孩子游玩的6大游乐场

TOP 1 奥尔顿塔

奥尔顿塔位于英国斯塔福德郡，距离曼彻斯特比较近，是一座以游玩机动游戏为主的主题公园，号称拥有全英国最新潮、最热门的机动游戏。游乐园每年都会增加新型的游乐项目，时刻充满了新潮和刺激的氛围。到这里不仅可以游玩先进的游乐设施，还可以欣赏到美丽的自然风光。作为世界十大著名游乐园之一，奥尔顿塔绝对值得你带孩子前来一游。

TOP 2 布莱克浦海滩游乐场

布莱克浦是英国很受欢迎的海滨度假胜地，这里的娱乐设施比比皆是，布莱克浦海滩游乐场更是其中的佼佼者。这里拥

有号称"英国最高过山车"，这种名副其实的"云霄"飞车，几乎直上直下的坡度和风驰电掣般的速度带给人们非常刺激的感官体验。海滩游乐场里有众多主题公园，旁边还有许多游乐设施，同时海边还有一座浪漫的摩天轮。这里的海滩景色优美，加上足够多的周到设施，足够你带着孩子畅玩一天。

TOP 3 切斯顿冒险世界

切斯顿冒险世界虽然也有一些比较刺激的游乐项目，但它对于英国其他游乐场所而言要温和很多，是一个趣味至上的游乐园。园内分好几个主题，有动物园、海洋馆，也有精彩的过山车、海盗船、碰碰车和水上乐园，非常适合家长带着小朋友去玩。游乐园内也有5个非常刺激的游乐设施，包括著名的拉美西斯的复仇。这个游乐场距离伦敦不远，还经常有限时优惠活动，去伦敦的父母们可以带着孩子顺道前来畅玩。

TOP 4 德雷顿庄园主题公园

德雷顿庄园主题公园有几十种新鲜刺激的游乐项目，包括木马、索道、过山车等，样样俱全。更有独一无二的"站式过山车"，以及许多奇妙的家庭娱乐项目。德雷顿庄园里的生活剧场是一个能给全家人带来乐趣的地方。庄园里还有一个动物园，有100余种来自世界各地的动物。

TOP 5 温莎乐高主题公园

乐高主题公园是全球性的游乐园，在许多国家都有，在内容上也各具地区特色。位于温莎的这家公园开放于1996年，距离伦敦希斯罗机场仅约13千米，非常方便。公园面向的主要游客是3～12岁的儿童。这里有用4亿个乐高积木所砌成的英国名胜微缩景区，包括大本钟、伦敦眼、市政厅及泰晤士河等著名地标建筑，另外还有维京人的土地、骑士王国、冒险乐园等多个活动设施。

TOP 6 索普公园

索普公园是一个以"恐怖惊险"为主题的游乐园，位于伦敦西南面，园内有号称"世界上最恐怖的过山车——The Swarm"，乘客将会从临近40米的高空经受5次大倒转后下落，全程没有任何扶手。此外还有结合恐怖电影《电锯惊魂》的极速过山车SAW-The Ride。公园内的刺激项目可谓层出不穷，不过一定要考虑孩子的承受能力。

最值得带孩子拜访的7大城堡

TOP 1 温莎城堡

温莎城堡是最为人熟知的英国城堡之一，这座城堡因为与温莎王室的关系而在全世界闻名遐迩。这座雄踞泰晤士河岸山丘上的城堡，是英国女王最钟爱的周末度假城堡。在这座城堡里还发生了众多爱情故事，温莎公爵的罗曼史、维多利亚女王感人至深的爱情、查尔斯王子与戴安娜的邂逅都在广为传颂，酷爸靓妈能在这里回味一下自己的爱情旅程再好不过了。

TOP 2 利兹城堡

利兹城堡曾长期是华丽的皇家行宫，直到1552年，爱德华六世将该城堡赐予了圣雷捷爵士，皇族光环才渐渐隐去。现在利兹城堡以秀丽和优雅著称，被称为"城堡中的王后"。城堡内有一个巨大的紫杉迷宫，可以带着孩子走走。城堡里的狗项圈博物馆是一座非常独特的博物馆，收藏了400多年里的各种狗项圈，非常有趣。

TOP 3 安尼克城堡

安尼克城堡位于英格兰和苏格兰交界地带，长期是一座军事防御性的城堡，后来成为供贵族居住的城堡。古堡从外观看，显得高贵沉稳；内部则是豪华的维多利亚式的装潢，还有诺森伯兰公爵收藏的许多艺术品。另外，安尼克城堡还是《哈利·波特》系列影片中霍格沃兹魔法学校的取景地，同时，哈利·波特第一次飞行时的外景也是这里。

TOP 4 爱丁堡城堡

爱丁堡城堡是英国最古老的城堡之一，在6世纪就成为苏格兰的皇家城堡。这座城堡巍然耸立在火山岩顶上，站在城堡上可以俯瞰爱丁堡全城。由于这是一个皇家城堡，其宫殿还是一座珍贵的艺术宝库，珍藏有众多苏格兰宝物，如有"欧洲最古老的王冠"之称的苏格兰王冠，著名的"命运之石"、权杖和剑等。此外，在城堡的兵器室里收藏了许多中世纪的兵器，深受孩子们喜欢。

TOP 5 沃里克城堡

沃里克城堡最初由"征服者威廉"所建，从18世纪开始，城堡被装修成豪门贵族舒适的庄园宅邸，一共有40多位伯爵曾居住于此。这里还是杜莎夫人蜡像馆的一个分馆，还有一个军械库，里面保存着众多当时所用的武器，包括一个克伦威尔戴过的头盔和一个镶银的盾牌。

TOP 6 霍华德城堡

霍华德城堡为历代霍华德家族拥有并居住。这座巴洛克风格的城堡气势恢宏，城堡里的古董走廊里面收藏着十八九世纪由历任伯爵收藏的古董。2015年1月17日晚上周杰伦和昆凌婚礼结束后，在霍华德古堡举行派对，更让我们对这座城堡印象深刻。

TOP 7 伦敦塔

伦敦塔最初是威廉一世为保卫和控制伦敦城而营建的城堡，曾几易身份，堡垒、军械库、国库、铸币厂、宫殿、天文台、避难所、监狱都曾是它的标记。正是身份的多变给这座皇家古堡留下了诸多故事，并为后人津津乐道，可以带孩子聆听这些传奇。伦敦塔里还有一座珍宝馆，展出有17世纪以来英国君主的王冠、权杖及王室珠宝，其中包括维多利亚女王加冕时制作的镶有3000多颗宝石的"帝国王冠"。

畅游世界，在旅行中成长

带孩子游英国

PART1

带孩子出行的那些事

035 > 079

出发前

　　带孩子前往英国游玩，需要做很多准备，包括办理证件、兑换货币、准备行李、预订机票、预订住宿、预订门票、购买保险等。不管是选择自助旅游，还是报团旅游，父母对这些事情都需要有个基本的了解。如果选择自助游，就要对行程做个大致规划，制订好行程路线，做好相关的准备，这样才能有计划、有目的地出行，减少旅行中不必要的麻烦。

护照

　　出国旅游，首先需要准备的证件便是护照，如果你已经有护照，那必须保证护照的有效期超过6个月，否则需要去更换护照。如果你没有护照则需去户口所在地办理护照。据有关部门规定，全国现在共有43个城市的外地人可在当地办理。这些城市是：北京、天津、石家庄、太原、呼和浩特、沈阳、大连、长春、哈尔滨、上海、南京、杭州、宁波、合肥、福州、厦门、南昌、济南、青岛、郑州、武汉、长沙、广州、深圳、南宁、海口、重庆、成都、贵阳、昆明、西安、无锡、常州、苏州、温州、嘉兴、舟山、泉州、株洲、湘潭、珠海、东莞、佛山。

　　在这43个城市就业的非本市户籍人员可持户口簿、二代或三代居民身份证、暂（居）住证，人力资源和社会保障部门出具的在就业地连续一年以上缴纳社会保险的证明（包括首次申请、换补发证件、证件失效重新申请以及证件加注），高等院校在读的非本市户籍大学生可持户口簿、二代或三代居民身份证以及就读院校出具的在校证明，到公安机关出入境管理机构申请办理普通护照。

　　除这43个城市外，其他城市的居民都需要本人携带身份证及户口簿（户口簿一定要有户主页）到户口所在的公安局出入境管理处办理护照。办理时先要填写一份《中国公民因私出国（境）申请表》，在公安局所指定处照相，然后提交申请办理，在5个工作日后携带本人户口簿及居民身份证原件和取证回执单，到办理处领取护照，当然也可以通过快递的方式邮寄护照，此较方便。

签证

英国不是申根国家，去英国旅行，需办理有效的旅游签证才可以过境。办理英国签证，可以提前3个月着手申请和办理，以免耽误自己的行程。在办理签证之前，先要到英国签证申请中心（www.ukba.homeoffice.gov.uk）查看办理签证需要准备的材料。一般包括以下材料。

申请英国签证所需材料	
材料	**详情**
护照	有效期需在6个月以上，如有过期护照也要一并准备好
身份证	原件及复印件
户口簿	原件和复印件
照片	2张护照照片大小的彩色照片（高45毫米，宽35毫米），白底免冠
申请表	1份打印出来且已经填写完整，并经本人签字的申请表。下载地址：www.ukba.homeoffice.gov.uk
婚姻状况文件	已婚人员提供结婚证复印件
酒店预订单和机票预订单	如果你在英国期间要住在朋友或亲人家里，需要提交朋友或亲人提供的邀请信，信件中应包括你的朋友或亲人的地址以及在该处的停留日期
工作情况证明	1.如果是在职人员，需提供所在公司用公司抬头纸出具的证明信原件，包括申请人职位、薪资、任职时间、公司详细联系方式，以及公司注册号等； 2.如果申请者为个体经营者，需提供商业登记文件复印件； 3.如果是学生，需提供就读学校用学校抬头纸出具的证明信原件，证明就读情况和请假的相关详细信息
资金证明	可以显示过去4个月收入和存款信息的银行对账单或者其他能证明财务状况的文件，如存折、存款证明，个体经营者可提供业务对账单等
以上所有中文资料都需要翻译成英文	

　　填写申请表格注意事项：1.检查你的名字是否已用拼音及中文填写；2.检查你的生日是否和护照上一致；3.检查是否在名字的拼音下面标注了CCC（中文电码）号码；4.检查你的地址是否已用拼音及中文填写；5.请用质量好的纸张打印你填写好的申请表格，并确保纸张边界外的信息也被打印出来；6.可用黑色或蓝色笔填写申请表格，用英文填写并签字；7.确保填写

资料的准确性。如果在填写了申请表格之后需要修改，可在表格上修改，并在修改处签字。

● 签证申请步骤

1.获悉姓名的中文电码

申请英国的旅游签证，需要先知道自己及父母姓名的中文电码，查询电码可以从英国驻中国大使馆的官网上提供的链接查询（直接输入中文姓名即可查到，网址：www.njstar.com/tools/telecode/），也可以从中国各签证中心的中文电码登记簿上查询。

简体和繁体的中文电码收录的汉字有限，某些不常见的字没有被收录，比如婧字，申请中你可以用0000来表示，不会影响办理签证。

2.在线申请签证

得知中文电码后，就可以在英国移民局官方网站的签证中心（www.gov.uk/check-uk-visa）上申请签证了。你首先需要在线了解自己需要什么类型的签证，然后按照网站指示进行注册和申请。要完成签证申请，必须预约并且前往在中国的12家签证中心中的一家。所有申请人都必须提前预约。未预约申请人将不再被签证中心受理。

3.前往签证申请中心递交申请材料

携带护照、签证申请表等材料，按照预约的时间到签证中心面签，并且登记指纹和完整面部影像。

在预约申请日当天，申请人提前15分钟到达签证中心，带上预约单、申请材料、护照和另一个有效身份证件。签证中心会给申请人一张叫号单，等到叫号后递交各项申请材料即可，并请保留签证中心给的收据，作为将来领取申请资料和签证（如果通过）的凭证。

4.生物信息采集

在签证中心录取指纹和照相（也称作生物信息采集），包括数字指纹扫描（10个指头）和数码照相。指纹扫描时确保手指上没有任何形式的装饰、刀伤、磨损或者其他印记，你的数码照片必须包含整个面部，提供生物信息是必需的步骤，否则签证中心无法受理申请人的签证申请。

5.领取申请材料和签证

签证申请完毕后，办理签证的时间一般为5～15个工作日。一般情况下办理英国签证尤其是旅游签证不需要面签，直接等待签证中心给予结果即可。申请人可以选择领取材料和签证（如果通过）的方式，可自己前往签证中心领取或选用EMS快递邮寄。

● 英国驻中国的签证办理中心信息

英国签证办理中心信息		
城市	**办理地址**	**办公时间**
北京	北京市东城区东水井胡同5号北京Inn2号楼B座9层A区A901–919室	8:00～15:00
上海	上海市黄浦区四川中路213号久事商务大厦2层	8:00～15:00
广州	广州市天河区体育西路189号城建广场215室	8:00～15:00
深圳	深圳市福田区福华一路大中华国际交易广场北门西区25F–11室	8:00～15:00
武汉	武汉市武昌区中北路171号汉街总部国际C栋302室	8:00～15:00
沈阳	沈阳市沈河区团结路9号（华府天地5号楼）10层2室&3室	8:00～15:00
济南	济南市历下区泺源大街22号中银大厦18层	8:00～15:00
重庆	重庆市渝中区民生路235号海航保利大厦33–B	8:00～15:00
成都	成都市武侯区人民南路四段3号来福士广场塔1四层01单元	8:00～15:00
杭州	杭州市下城区朝晖路203号深蓝广场1501–D室	8:00～15:00
南京	南京市建邺区江东中路106号万达广场B座2304室	8:00～15:00
福州	福州市鼓楼区五一中路18号正大广场御景台20层	8:00～15:00

● 如何帮孩子办理签证

　　给孩子办理签证时，如果父母只有一方带孩子出行，大使馆需要出示亲子公证件，办理过程是父母一方带着孩子的出生证到派出所（理论上是省会城市的好办些）办理亲子中英文双语的亲子公证，然后到外事办办理亲子公证件的中英文双语认证，并且要携带结婚证。如果夫妻有一人不出行，还需要此人的同意书证明及签字。孩子在读的情况下，需要由其就读学校出具在读证明，来证明孩子没有移民倾向，此证明也要翻译成英文。如果父母双方都出行，就不需要不出行一方的同意书证明及签字了。一般而言父母双方都去通过率高一些。

行程

　　去英国之前，应提前确定将要游玩的城市或景区。孩子和大人要达成一致意见，同时跟孩子一起规划行程安排，也有助于了解孩子到底想玩什么，避免出国后孩子闹情绪。本处设计了几个跨城市的游玩路线，可以和后文每个城市的行程百搭结合使用，每个路线行程大约一周，供父母参考，如果父母或孩子对某个城市比较喜欢，也可多留出些时间在那座城市集中游览。

● 伦敦周边英伦风情游

　　这条线路游玩时间为7天，集中在伦敦及其周围区域。主要游览地是伦敦、牛津、剑桥，这都是英国著名的旅游目的地。在伦敦有著名的大英博物馆、伦敦眼、白金汉宫、伦敦塔桥等等着你和孩子的前往，牛津、剑桥的各个古老学院也在等待你和孩子的到来……

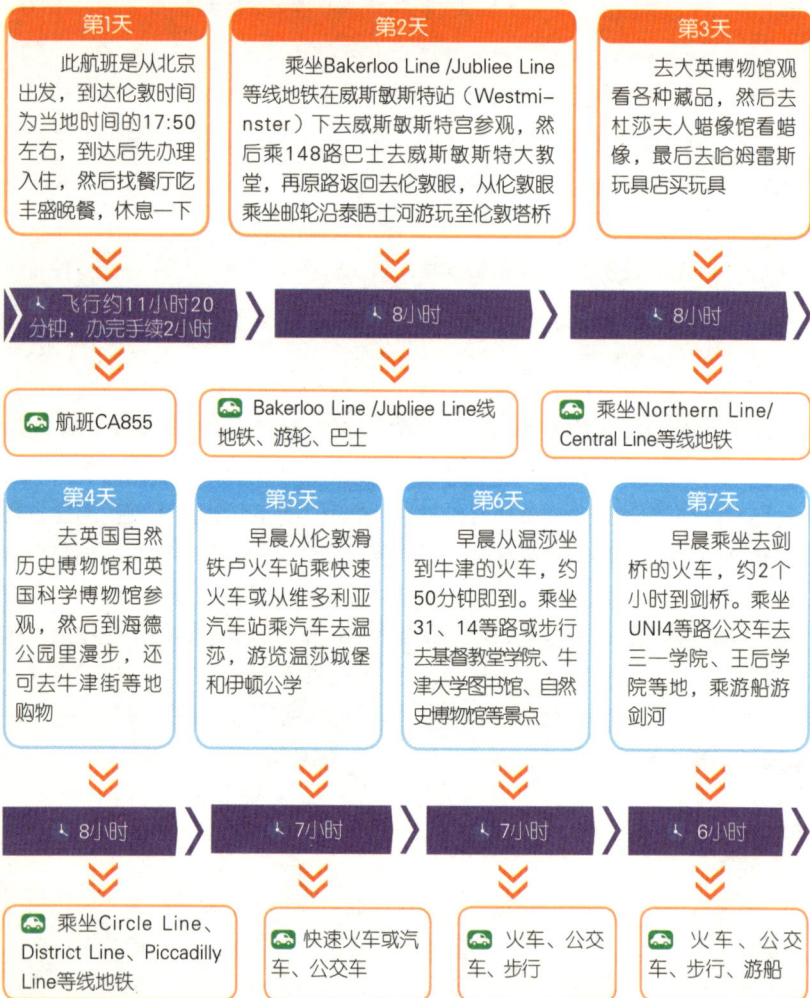

第1天	第2天	第3天
此航班是从北京出发，到达伦敦时间为当地时间的17:50左右，到达后先办理入住，然后找餐厅吃丰盛晚餐，休息一下	乘坐Bakerloo Line /Jubliee Line等线地铁在威斯敏斯特站（Westminster）下去威斯敏斯特宫参观，然后乘148路巴士去威斯敏斯特大教堂，再原路返回去伦敦眼，从伦敦眼乘坐邮轮沿泰晤士河游玩至伦敦塔桥	去大英博物馆观看各种藏品，然后去杜莎夫人蜡像馆看蜡像，最后去哈姆雷斯玩具店买玩具

↙ 飞行约11小时20分钟，办完手续2小时	↙ 8小时	↙ 8小时
🚐 航班CA855	🚐 Bakerloo Line /Jubliee Line线地铁、游轮、巴士	🚐 乘坐Northern Line/ Central Line等线地铁

第4天	第5天	第6天	第7天
去英国自然历史博物馆和英国科学博物馆参观，然后到海德公园里漫步，还可去牛津街等地购物	早晨从伦敦滑铁卢火车站乘快速火车或从维多利亚汽车站乘汽车去温莎，游览温莎城堡和伊顿公学	早晨从温莎坐到牛津的火车，约50分钟即到。乘坐31、14路或步行去基督教堂学院、牛津大学图书馆、自然史博物馆等景点	早晨乘坐去剑桥的火车，约2个小时到剑桥。乘坐UNI4路公交车去三一学院、王后学院等地，乘游船游剑河

↙ 8小时	↙ 7小时	↙ 7小时	↙ 6小时
🚐 乘坐Circle Line、District Line、Piccadilly Line等线地铁	🚐 快速火车或汽车、公交车	🚐 火车、公交车、步行	🚐 火车、公交车、步行、游船

● 爱丁堡、约克历史自然双重游

这条线路耗时约7天，跨越了苏格兰和英格兰。先去古城爱丁堡，在这里游玩两天后，转头南下去另一个古城约克，在这两个城市好好体验一下英国的历史与现代，而后从约克去"英国的后花园"湖区游玩。

第1天	第2天	第3天
乘飞机到达爱丁堡的时间为17:00左右，到达后先办理入住，然后就餐，和孩子好好休息一下，准备次日的游玩	乘坐1、21、23等路公交车去皇家英里大道、爱丁堡城堡、王子街花园游玩，很多景点距离比较近，可步行前往。在游玩的同时可在王子街等地购物	乘坐23、35等路公交车去苏格兰国家博物馆、荷里路德宫，傍晚去卡尔顿山看夕阳

↓ 飞行约13小时30分钟，办完手续2小时　↓ 8小时　↓ 8小时

🚐 航班LH721、LH964　🚐 公交车、步行　🚐 公交车、步行

第4天	第5天	第6天	第7天
早晨7:00乘坐XC260000次火车约9:30到约克，下了火车去约克城墙、约克大教堂、大英铁路博物馆等地游玩	乘坐3、42、180等路公交车去约维克维京中心、约克约克郡巧克力博物馆和霍华德城堡	自驾约2个小时到湖区温德米尔湖，在这里及附近的小镇游玩	去葛拉斯米尔湖及附近小镇游玩，去华兹华斯的故居"鸽舍"和他散步的故道

↓ 5小时　↓ 8小时　↓ 5小时　↓ 6小时

🚐 XC260000次火车、公交车、步行　🚐 公交车　🚐 自驾或参加当地去湖区的旅行团　🚐 自驾或公交车

● 曼彻斯特、利物浦英格兰中部游

这条线路约8天，重点游玩地方是曼彻斯特及附近的峰区国家公园、利物浦。曼彻斯特是英国著名的工业城市，这里的很多景点能寻找到工业革命的痕迹。峰区是与湖区齐名的英国国家公园，景色的美丽程度自不必说，这里还有众多风情小镇。利物浦是著名的流行音乐之都，与甲壳虫乐队有关的景点是人们十分热衷的。

第1天	第2天	第3天	第4天
乘飞机从北京出发，到达曼彻斯特的时间为19:30左右，到达后先办理入住，然后就餐，和孩子好好休息一下	乘坐2、X40、6等路公交车去科学与工业博物馆、曼彻斯特中国城、曼彻斯特美术馆、民俗故事博物馆游玩	乘坐轻轨去曼联的主场——老特拉福德球场，乘坐X50等路公交车去皇家战争博物馆北方馆游玩	乘坐8、39等路公交车去曼彻斯特市政厅、圣安教堂、国家足球博物馆等地游玩

⌄ ⌄ ⌄ ⌄

| ✈ 飞行约15小时，办完手续2小时 | ✈ 8小时 | ✈ 8小时 | ✈ 5小时 |

⌄ ⌄ ⌄ ⌄

| 🚌 航班A937、BA1402 | 🚌 公交车 | 🚌 轻轨、公交车、步行 | 🚌 公交车 |

第5天	第6天	第7天	第8天
沿着大德菲尔德线或巴克斯顿线乘火车，进入和游览峰区。游览重点在黑峰区及里面的小镇，各小镇之间汽车来往很方便	继续在峰区的白峰区游玩，下午乘火车从巴斯克顿返回曼彻斯特	乘坐约8:07的TP532500次列车去利物浦，约9:00到达利物浦。乘坐25、C5等路公交车去利物浦世界博物馆、默西塞德海事博物馆、安菲尔德球场等地	在艾伯特港口游玩后乘坐专门的"甲壳虫魔幻传奇巴士"去甲壳虫乐队传奇博物馆、利物浦名人墙、便士街等地游览

⌄ ⌄ ⌄ ⌄

| ✈ 8小时 | ✈ 4小时 | ✈ 6小时 | ✈ 8小时 |

⌄ ⌄ ⌄ ⌄

| 🚌 火车、汽车 | 🚌 汽车 | 🚌 火车、公交车 | 🚌 公交车 |

预算

英国旅游消费比较高，其物价水平在欧洲为较高的水平。在旅行过程中吃、住、行、购都要花钱，因此提前做好预算十分必要。不过具体花费多少，还根据个人情况而定。一般来说，带孩子旅行，三家之口准备4万元人民币就足以在英国旅行所需了（来回车费不包括）。但是英国有很多购物街、购物村，这都是大牌云集而且在折扣季时折扣力度很大的地方，如果购物比较多，花费也会随之水涨船高。

下面列出从准备行程到结束旅游全程的费用列表供参考，表中的货币单位是换算后的人民币/元。

名目	类别	单价	详情
护照	首次签发	200元	在申办护照办公室拍照，加收20～40元
	换/补发	220元	包括到期、失效换发，损毁、被盗、遗失补发等
签证	旅游签证	770元	英国旅游签证仅限30天，或者短期多次访问6个月，英国驻中国大使馆签证网站为www.gov.uk/visas-immigration
行李	需添置物品	根据个人需求	行李箱、相机、插头转换器等以及日常必需品和预防药物等
机票	往返联程	7000～15000元/人	最好提前1个月关注票价，预订往返票，这样能享受较多的优惠，且避免了临时买票买不到；这里列出的是经济舱的价格
住宿	伦敦	约600元/天/人	在伦敦住宿费用较高，约600元的酒店属于非常经济的选择，如果你想要更实惠一点可以选择家庭旅馆
	伦敦之外	约400元/天	伦敦之外的住宿价格也并不低，尤其是爱丁堡、牛津这样的著名旅游地。可选择入住家庭旅馆以节省费用
饮食	快餐店	约50～100元/餐	英国生活节奏比较快，因此人们就餐一般比较简单，价格在6英镑左右
	星级餐厅	约300元/餐	英国星级餐价位比较高，一般要30英镑左右。当然也要根据每种餐点的情况而定
交通	出租车	约20元起步	在英国搭出租车很贵，如果换算成人民币一般随便乘坐一次就要近百元。所以在英国不建议坐出租车

英国旅行费用预算（单位：人民币元）

名目	类别	单价	详情
交通	巴士	单程约20元	英国巴士成人票价是1~2英镑，旅游观光建议买一张通票，约花费3.5英镑就可以无限次乘车
	地铁、轻轨	单程约40~120元	很多地方地铁和轻轨是分区和计程收费的，所以价格会有一些波动，最高不会超过120元，最低40元左右。多数地铁有套票出售，比较适合游客
购物	手表	约是国内价格的、7折	各大品牌手表价格，英国会比国内便宜30%~50%，一线大牌的手表更可以便宜50%以上，遇上打折季优惠会更多
	奢侈品	约是国内价格的、7折	英国的奢侈品也要比国内便宜些，基本上要比国内便宜20%~30%
	药妆	约是国内价格的、5折	英国很多化妆品都比国内要低，有的价格仅为国内的20%
	香水	约是国内价格的、8折	在英国，香水的价格本来就比国内低一些，遇上折扣季价格更会便宜许多
	纪念品	约50元/个	英国适合孩子和大人的纪念品很多，因为纪念品也分很多种，所以价格也不定
娱乐	游乐场	约100~500元	游乐场的门票费用较高，但英国的大型游乐场如奥尔顿塔等景点处的娱乐、餐饮设施都十分完善，能满足大人与儿童一起游玩的需求
	歌剧	约300元/人	在英国看一场精彩的歌剧价格一般为30英镑，持学生证会有一定优惠
	游船	约130元/人	英国很多城市里也都有河流，尤其是伦敦的泰晤士河。晚上乘游轮赏景很美，价格大约为13英镑
景点票价	博物馆	约50元/人	英国博物馆大都免费，一般是个别展馆或特殊展览才收一些费用，约5英镑
	教堂	约130元/人	英国教堂大多免费对游客开放，但著名的教堂基本都收费
	城堡	约150元/人	英国城堡等很多地方会收20英镑以内的费用
	公园	—	绝大多数城市内的公园免费开放，即使是海德公园等著名公园也免费

带孩子游英国

货币

货币是英镑，货币单位有英镑（Pound sterling）和便士（Penny）两种。现在所有英镑的正面都是英国女王伊丽莎白二世的头像。

● 纸币

英镑纸币的最大面值是100英镑，这只在苏格兰地区发行。虽然英国的每个行政区都自行发行货币，但币值基本相同，而且相互通用，但大面额的纸币最好到银行换成英格兰地区的小面额纸币，避免小商店拒收。

所有币值的纸币正面皆印有英国君主头像、编号及币值，不同币值的纸币背面印有不同英国名人的头像。5英镑纸币背面是英国19世纪慈善家伊丽莎白·弗雷的肖像，左侧是她参加慈善活动的图案；10英镑背面是英国19世纪生物学家查尔斯·达尔文肖像，左侧是1836年举行的一场板球赛；20英镑背面是英国现代经济学之父亚当·斯密肖像，左侧则是他在皇家学会演讲时的场景；50英镑背面是蒸汽机改良者詹姆斯·瓦特及其合作伙伴、企业家马修·博尔顿。

● 硬币

英镑的所有硬币正面皆为英国君主像，背面除铸有币值外，在不同行政区所铸的硬币还有不同的图案。有的硬币因铸造年限的不同，背反面的图案也不相同，但正面君主头像不变。不论硬币属于哪个行政区铸造，皆全国通用。

● 英镑面值

英镑的纸币面值有5英镑、10英镑、20英镑、50英镑、100英镑，硬币有1英镑、2英镑、5英镑（纪念币，基本不流通）、1便士、2便士、5便士、10便士、20便士、50便士。其中100英镑的纸币只在苏格兰地区发行，英格兰地区并无此面值的纸币。1英镑=100新便士（New Pence）。

● 兑换英镑

中国公民出入境每人每次携带的货币限额为2万元或等值外币，否则要向外汇管理部门申请"携带证"。去英国旅行，不需要携带太多现金，带部分现金和信用卡就可以了。如果觉得现金不够用，可以到英国后再兑换相应的英镑现钞。但不管是在国内兑换，还是到了英国再兑换，都最好兑换一些小面额的英镑纸币，如5、10、20英镑的。在英国，面值在20英镑以下的钞票比较常见和便于流通，小商店一般不太愿意收50英镑以上的钞票。而且零钱对于付小费、乘坐巴士等也非常方便。

在国内兑换英镑

在国内很多银行都可以兑换英镑，在前往银行之前可以打电话给相应的银行客服询问相关信息。最好去中国银行兑换，只要带上身份证即可。在国内兑换好英镑，带到英国，或者做成汇票，方便携带。

在英国兑换英镑

在英国，可以在银行、机场、车站、酒店、邮局、中资银行的网点、两替店等地兑换英镑。现在很多货币兑换店都可以使用人民币兑换英镑，只是汇率有高有低，游客换汇前应"货比三家"。机场和车站的汇率不是很划算，但大多24小时都可以兑换，比较方便。汇率相对比较好的是通济隆公司（Travelex）、邮局、马克斯思班塞公司（Marks & Spencer）等，其中通济隆公司的在线兑换（Online Order）比直接在柜台兑换更合算。

● 旅行支票

在英国使用旅行支票非常方便。在英国的大型商场、百货商店、三星级以上的酒店、高级餐厅、大超市、邮局等地都可以使用旅行支票。不过在使用旅行支票的时候，一般面额（100英镑、500英镑）太大不被接受，只有如50英镑、20英镑的小面额才能很方便地使用。在使用时需签名和出示护照。旅行支票除了能直接使用外，还能在外币兑换所（Bureau de Change）、外币兑换（Currency Exchange）、邮局、美国运通（AMEX）营业点、马克斯思班塞公司（Marks &Spencer）的营业点等地兑换成现金，手续费一般是1%～3%。

现在除了纸质的旅行支票外，还有电子旅行支票。电子旅行支票类似于银行卡，卡上有发行机构或是合作机构的标识，如运通、万事达（Master Card）、维萨卡（VISA）等，可以在ATM机上提现、刷卡消费、网上支付等，无须找零。电子旅行支票办理时比信用卡快，最高可存入的资金高，便于旅行携带。

信用卡

在去英国之前，可以办理英镑币值或本国币值（人民币）的信用卡。信用卡在英国刷卡消费非常方便，一般都没有手续费。但在带有维萨卡、万事达卡或银联标志的ATM上提现，会收取2%～3%的手续费。国内办理的信用卡基本是6位密码，而英国大多使用4位密码，所以在办理信用卡时最好能向发卡银行中请一个4位密码。

英国的金融业非常发达，信用卡极为流行，在大型购物中心购物、租车（缴纳保证金）、预订酒店（缴押金）、购长途车票、用餐结账时大都可以选择用信用卡付款。去英国至少携带一张维萨或万事达的信用卡，同时也建议携带一张中国人常用的银联卡，银联在境外消费通常没有手续费。

最好办理人民币、英镑双币信用卡，这样在英国消费就能以英镑记账，当然也可以办理全币卡。办理时向银行工作人员问清楚账单日、还款日、怎样免年费等，然后做好相应的准备，避免还款时支付不必要的费用。

由于信用卡有一定消费限额，如果购买奢侈品比较多，建议使用银联借记卡，借记卡消费仅受账户余额限制。在商户刷银联卡消费，持卡人无须付手续费。

● 在英国如何使用ATM

英国多数银行、闹市区和购物中心都设有ATM，大多数ATM上有现金提取点（Cash Point）、现金提取机（Cash Machines）等字样。只要你持有国际通用的信用卡、借记卡和银行卡，并输入正确的密码，就可以在ATM上进行交易了。

利用ATM取款，首先看取款机上是否贴有LINK标识，或VISA、MasterCard、AMEX的标志，若有则可使用卡提取英镑现金。

在英国的ATM上取现，会收取一定的手续费，在取现时应注意ATM机上的标识。如果ATM上有取现免手续费（Free Cash Withdrawals），这表示在此ATM上取款，其收单机构不收费用，只是国内发卡银行收取手续费；若写着"This machine will charge you for cash Withdrawals"，则表示其收单机构会收取费用。

机票

去英国旅行，确定好自己的目的地、出发时间后就可以预订机票了。就前往英国的机票价格而言，旅游淡季和旺季会有所浮动，一般来说，7~8月机票最贵，8~9月其次，4~5月最便宜。冬季前往英国机票最为便宜（圣诞节、元旦节等节日期间除外）。如果时间允许的话，可以考虑转机，转机比直飞便宜很多。买票时注意直飞的飞机是"No Stop"，一次转机的飞机是"One Stop"，若是转机一定要事先留出2个小时以上的转机时间，以免误机或衔接不上。

● 了解航空公司

中国前往英国的航班很多，有转机也有直飞的，提供这些航班的航空公司有中国国际航空、海南航空、东方航空、英国航空、维珍航空、法国航空、荷兰航空、俄罗斯航空等。游客可以登录各大航空公司的官网查询出发地和目的地之间的航线，以及基本票价，这样在预订机票时，就有所参照了。

● 提前多久订票合适

申请签证时需要机票预订单，因此要提前2个月以上开始预订机票，这样才能有足够的时间去办理签证。不过现在很多航空公司和代理网站都会发出"仅供办签证使用"的机票预订单，这个机票预订单只需到网站或航空公司预订一下机票就可以取得，可以用这个办理签证。这样就避免了买到了机票而签证还没有办下来的问题。

● 航空公司官网订票

机票一般都会选择在网上预订，如果担心被骗，可以自己到航空公司的官网预订。可以提前关注各个航空公司的官网，一般航空公司会不定期推出一些优惠活动或特价票。一般来说，国泰航空和东方航空的价格相对较便宜；英国航空价格贵一点，但比较舒服，服务很周到，转机也会安排得很好；法国航空和荷兰皇家航空价格相对其他都便宜，一般都需要转机，转机时间会长一些；阿联酋航空有时会比直飞便宜些。

常用的机票预订航空公司	
航空公司	**网站**
中国国际航空	www.airchina.com.cn
海南航空	www.hnair.com
东方航空	www.ceair.com
国泰航空	www.cathaypacific.com
英国航空	www.britishairways.com
维珍航空	www.virgin-atlantic.com
法国航空	www.airfrance.com
荷兰皇家航空	www.klm.com
阿联酋航空	www.emirates.com
南方航空	www.csair.com

● 专业机票预订网站

如果感觉一家家去查询航空公司麻烦的话，可以去专门的机票代理网站，这些网站汇集了多家航空公司的机票信息，便于比较，也可以直接在上面预订。当然也可以在这些网站查询后去选择好的航空公司官网预订。

机票搜索、预订网站推荐		
名称	**网址**	**概况**
一起飞	www.yiqifei.com	有一年内各国航空公司的航班信息，机票价格便宜，可在不付款的情况下出飞机票订单
携程	www.ctrip.com	有低价机票
去哪儿	www.qunar.com	信息全面，有特价机票
天巡	www.tianxun.com	有多数航空公司的实时票价信息，包括廉价航空

住宿

英国的住宿在种类和数量上都非常多，选择比较容易。英国的酒店星级分为一至五星。如果你的预算比较充足，可以选择星级酒店，但四星和五星级的酒店非常贵。如果预算比较少，可以入住经济旅馆或家庭旅馆。此外，英国还有城堡式酒店等，也比较贵，但很有特色。

● 星级酒店

英国的酒店与其他国家一样，由星级划分，但在选择酒店时，最好不要只以星级来评定一个酒店的好坏。一般星级酒店都会将相应星级挂在门口或招牌上。一般五星级的酒店环境和设施都很好，但价格贵，而且不能很好地体验英国的民俗风情。如果要选择星级酒店，最好选择二星级或三星级，价格合适，环境也不差，而且可以和老板进行交流，入住起来会感觉比较温馨。

● 家庭旅馆

家庭旅馆（Guesthouse）又被称为私人饭店（Private Hotel），这些旅馆多是将家里空出来的房间作为客房租给游客。这样的旅馆客房不多，服务周到，而且价格不贵，一般都包含早餐。住在这样的旅馆中，能接触英国的家庭生活，感受比较浓郁的英国风俗民情。要注意，如果住家庭旅馆，晚上回旅馆时不宜太晚。

● B&B和Inn

含早餐旅馆（Bed & Breakfast，简称B&B）是一种比较受欢迎的住宿类型，其住宿价格便宜，而且大多提供丰盛的早餐。在伦敦的B&B价格比较贵，但在一些小城市或小镇，B&B的价格则比较便宜。此外，有一些B&B不挂任何招牌，所以入住前最好在当地的信息咨询处询问清楚，或直接向当地人打听。

Inn为旅馆，这种旅馆常见于乡下，其一层为酒吧，二层为住宿的房间。Inn可以说是英国的特色住宿地，一般位于历史悠久的古建筑中，内部装饰豪华，住在里面可以感受到浓厚的英国特色氛围。不过Inn的价格比较高。

带孩子游英国

● 大学宿舍

英国有很多大学在学生放假时，会将大学宿舍作为客房租给游客。大学宿舍有多人间、双人间、单人间、套房，其中套房比较适合带孩子出行的家庭入住，你可以通过各个大学网站的宿舍管理处了解详细的信息，也可以通过网站预订大学宿舍。伦敦大学宿舍中心网址：housing.lon.ac.uk；爱丁堡大学宿舍网址：www.accom.ed.ac.uk。要注意，大学宿舍住宿条件普遍不如酒店宾馆，如果孩子年龄太小不推荐前往。

● 选择、预订住宿地的注意事项

如何选择住宿地

在选择住宿点地方面，建议选择火车站或汽车站（一般在市中心）附近，这样交通便利，前往各旅游景点也方便。在酒店类型的选择上，可选择连锁酒店，因连锁酒店都采用统一的标准和服务，入住者的基本需求可得到满足。入住前，一定好提前问清楚酒店提供的服务和用品，同时还要根据孩子大小问清楚孩子收费标准和能否添加婴儿床等，另外英国一些宾馆不允许带孩子入住，要注意。

如何预订酒店

预订酒店，一般可自己预订或通过旅行机构预订，通过旅行机构预订可能需要支付一定的手续费。自己预订的话，可以在酒店预订网站上预订，或通过电话、传真预订。在网上预订的话，需自己打印确认页面或邮件。

著名酒店预订网站推荐

网址	特色
www.booking.com	免费预订，方便查询，可选择性大，并能找到打折酒店
www.hostelworld.com	廉价住宿地有很多，预订需付手续费
www.hihostels.com	可预订世界各地的青年旅舍
www.agoda.com	有特价及优惠信息
www.venere.com	欧洲最大的酒店预订网，预订、取消不需付任何费用
www.hostelsclub.com	自助旅游爱好者的最佳选择，经常有特价活动

门票

英国的旅游景点门票差异比较大，著名教堂、城堡门票也较高，而大多数博物馆和公园一般都不收费。英国很多景点都有各种优惠，对孩子一般会有优惠。一些景点的门票并不包括里面所有景点或者活动，购买时需注意。在很多大景点，票价组合多样，可根据自己喜好选择不同的套票，比较实惠。

在出行前，建议父母和孩子商量将去哪些景点游玩，选好景点后，到其官网上了解票价优惠的情况，然后提前订票，把票的信息保存为电子版，并打印一份，到了当地后，可省去排队买票的辛苦。如果觉得到官网订票比较麻烦，也可以到代理网站上寻找英国各景点门票的信息。

预订门票常用的代理网站			
网站名称	网址	网站名称	网址
途牛网	www.tuniu.com	携程网	www.ctrip.com
艺龙网	www.elong.com	去哪儿网	www.qunar.com
穷游网	www.qyer.com	同程网	www.ly.com

● 可重复使用的门票

英国一些景点（宫殿、城堡等）的门票可以在规定时间内重复使用，一般需要盖章等简单程序。如果在英国待的时间比较长，到这些景点建议问清楚。

行李

行李准备妥当与否，直接影响英国长途旅行的舒适度，建议在出发前一周左右就开始着手准备行李。最好把行李分门别类装好，便于使用。带孩子出门，需要准备的东西会比较多，特别是孩子较小的情况。出门旅行之前，最好列好清单，必需品一定要带好。与此同时，出门旅行还是要尽量精简行李，基本的用品有了就可以了，其他的到了目的地临时购买即可。孩子到底要不要带一个自己的行李箱？这个问题要综合考虑自己的实际情况，比如孩子的年龄、路途的远近、孩子的体力等。孩子带行李箱的好处是他可以收拾自己的行李，并且随时取用也方便。

● 行李清单

一家人出行，登机前通常都会携带1个大行李箱（托运，去前最好有1/3的空间可放英国购买的物品），2个大背包/登机箱，1个孩子拎的小行李箱。将物品分门别类放在相应的防水包（防水包一侧为透明，供区分）里，并留两三个空防水包，然后装进行李箱中，用来装换下来的衣服，这样可避免干净衣物与换下衣服混装带来的烦恼。

三口之家游英国的行李清单（7天管够示例）

位置	分类	物品明细	数量	位置	分类	物品明细	数量
孩子背包/登机箱	玩具	魔方/拼图	若干	孩子背包/登机箱	必备品	防丢手环	1个
		赛车/毛绒类	若干			无游戏手机	1部
		彩铅和画本	若干	孩子身上、衣兜	安全（见专题）	父母资讯卡	2张置不同处
		日记本	1个			5~20英镑现金	至少3张
大行李箱	衣服	贴身衣裤	3套/人	母亲背包/登机箱	清洁用品	湿巾	1包
		游泳套装	1套/人			手帕纸巾	2包
		袜子	3双/人		零食	薯片类	2包
		当季服装	3套/人			话梅类	1包
		雨伞/雨披	1个/人			水果类	3个（下机前吃完）
		拖鞋	1双/人		钱包	双币储蓄卡	1张
		备用平底鞋	1双/人			10和20英镑现金	约20张
	洗漱用品	盥洗包	1套/人		其他	空保温杯	2个

位置	分类	物品明细	数量	位置	分类	物品明细	数量
大行李箱	洗漱用品	毛巾	1条/人	母亲背包/登机箱	其他	英国地图	1张
		浴巾	1条/人			纸笔	1套
		梳子	1把		文件类	证件照片	2张/人
		化妆品	1套			护照原件	1个/人
	药物	晕车药	1瓶			行程表	1份
		退烧药	1瓶			紧急联系人名单	1份
		防蚊液	1瓶			预订信息打印件	1份
		个人必用药	酌情	父亲背包/登机箱	电子产品类	iPad	1个
		创可贴	1盒			电脑	1个
	电子配件	多孔插线板	1个			相机	1部
		电源转换插头	1个		钱包	20和5英镑现金	20张
		手机电源线	各1个			双币信用卡	1张
		电脑电源线（视个人情况）	1个		其他	书	1本
		相机电源线	1个		文件类	复印件	各2份
		三脚架	1个			U盘	各备1份

● 主要承运航空公司关于行李的规定

　　携带的行李是否都能够免费托运，也是很多游客关心的问题。通常小于登机箱的行李，每个乘客可以携带一个登机，孩子可以携带较小的行李箱，但是要注意行李箱中不要有仿真玩具枪、枪型打火机及其他各种会被认为带有攻击性的武器，不然会被没收。婴儿无免费行李额，而且超过规定体积或重量的行李要按照航空公司的规定交纳一定的费用。

带孩子游英国

中国至英国主要航空公司的国际运输行李规定				
航空公司名称	托运行李箱			经济舱手提行李箱
	重量	长、宽、高三边和	其他规定	
中国国际航空	大于2千克，小于32千克可免费	大于60厘米，小于203厘米	行李箱内外写上乘客姓名及电话，行李最好能上锁，行李周围不能捆绑其他物品	1件/人，每件重量小于5千克，长、宽、高分别不超过55厘米、40厘米、20厘米
中国东方航空	小于32千克可免费	单个行李的小于203厘米，两个加起来小于273厘米可免费托运	同上	1件/人，每件重量小于10千克，长、宽、高分别不超过56厘米、45厘米、25厘米

通信

在英国可以用公用电话，也可以用移动电话拨打电话。英国的街道上很多公用电话亭，在很多地方尤其在伦敦，还能看到英国标志性的红色电话亭。英国的公用电话都接受投币，也可以接受信用卡或借记卡。公用电话还有卡式电话，最低费用为20便士或40便士。

使用卡式电话，需要先买电话卡，电话卡有2英镑、5英镑、10英镑和20英镑几种，可以在邮局、超市以及挂有绿色BT（英国电信公司British Telecom）电话卡标志的店铺中买到，但BT的话费较贵。你也可以购买国际电话卡（International Calling Card，简称IP卡），这种卡的费用低，但是这种网络电话声音滞后，使用起来不太方便。出售这种卡的公司有很多家，收费标准也不一，一定问清楚往中国打电话的收费标准。你还可以在唐人街买到更便宜的电话卡。在英国，打电话最便宜的时间段为：英国国内18:00～次日8:00，国际长途20:00～次日8:00。

如果你带手机到英国，并且开通了国际数据漫游，就可以打电话了，只是话费很贵。下面列出了中国移动和中国联通的英国国际漫游业务收费。需要注意的是，这些信息仅供参考，因为运营商会经常有优惠活动，具体可查阅其官网或咨询营业厅。

移动公司英国国际漫游业务收费								
拨中国（不含港澳台）	漫游地接听	拨漫游地	拨其他国家和地区（不含特定国家和地区）	发短信回中国（不含港澳台）	发短信至其他国家和地区	接收短信	数据流量	4G漫游
1.99元/分钟	1.99元/分钟	0.99元/分钟	3元/分钟	0.39元/条	1.29元/条	免费	3元包3M	支持

联通公司英国国际漫游业务收费							
拨中国（不含港澳台）	漫游地接听	拨漫游地	拨其他国家和地区（不含特定国家和地区）	发短信回中国（不含港澳台）	发短信至其他国家和地区	接收短信	数据流量
1.86元/分钟	1.86元/分钟	1.86元/分钟	3.86元/分钟	0.86元/条	1.76元/条	免费	5元/5MB·天

● 拨打电话方法必知

从中国向英国拨打电话

英国的国际区号为44。如从中国拨打伦敦电话020-1234567，拨号顺序为0044-20-1234567；如从中国拨打英国的手机01234567891，拨号顺序为0044-1234567891。

从英国向中国拨打电话

中国区号为86。如从英国拨打北京电话010-12345678，拨号顺序为0086-10-12345678；如从英国拨打中国的手机13912345678，拨号顺序为0086-13912345678。

在英国拨打境内电话

如从伦敦拨打伦敦电话020-1234567，可直接拨打1234567；如从伦敦以外的城市拨打伦敦的电话，需加上伦敦的地区号020，拨号顺序为020-1234567。手机无地区限制，如拨打英国手机01234567891，直接拨打01234567891即可。

APP

出门旅行，手机、平板电脑等电子设备是必备用品。好好地利用它们，下载一些实用软件，会让旅行省去不少麻烦。在英国游玩期间，翻译、地图导航、查询攻略等软件是必需的，它会让出行变得更加生动和有趣。在苹果手机的iTunes商店，以及安卓手机的Android Market上，都可以下载到有关英国旅行的APP应用。

● 英国游

英国游是全新的英国自助游指南，吃喝玩乐购的最IN随身APP。英国游是一个介绍英国的旅游资讯终端，定位于游客赴英旅游的全行程，从办理赴英签证到抵达英国的食、住、行、游、购，为你提供全方位的服务。此外，该软件还对各类资讯进行项目分类并使用文字介绍、图像和图表等方式为你更清楚地介绍英国的各类旅游资讯，内容通俗易懂。

■ 大小：9MB
■ 支持：iPhone手机、iPad、iPod Touch
■ 网址：苹果产品专用网站itunes.apple.com/app/id503507323

● 翻译官

翻译官（Read for Me）是一款非常流行的图片文字翻译软件，能智能识别超过30种语言并可以将它们翻译成40多种语言，其中包括英语和汉语。你只需要简单地拍摄出你想要翻译的文字，软件会进行自动翻译。路牌、菜单、图文等都可以直接拍摄翻译。

■ 大小：9.5MB
■ 支持：iPhone手机、iPad、iPod Touch
■ 网址：苹果产品专用网站itunes.apple.com/cn/app/read-for-me!/id459201082

● 谷歌地图

Google地图和Google街景能配合在一起使用，是出门必备的地图导航软件。而且Google地图支持下载离线地图，可以先把英国的地图下载好，到时候不用联网也可以使用了。但是不支持离线查询。

■ 大小：53.2 MB
■ 支持：安卓手机
■ 网址：安卓应用网站play.google.com/store/apps/details?id=com.google.android.apps.maps

● 谷歌翻译

谷歌翻译（Google Translate）可以在100多种语言之间互译。对于大多数语言，可以直接读出短语，能听到相应的语音翻译。游客只需把想要的翻译结果加上星标，这样即使在离线状态下也能查询历史翻译结果。在英国，谷歌的服务非常稳定快速。

■ 大小：苹果版56.3MB
■ 支持：iPhone手机、iPad、iPod Touch；安卓手机
■ 网址：苹果产品专用网站itunes.apple.com/cn/app/id414706506；安卓应用网站play.google.com/store/apps/details?id=com.google.android.apps.translate

● Yelp

Yelp是美食点评界的鼻祖，其美食推荐涵盖英、法、德等欧洲国家，对英国餐厅的推荐十分详细，可以根据自己的所在地就近推荐，非常方便，靠Yelp推荐一路吃喝下来，绝对便捷。

■ 大小：15.5 MB
■ 支持：iPhone手机、iPad、iPod Touch；安卓手机
■ 网址：苹果产品专用网站itunes.apple.com/us/app/yelp/id284910350

● iMoney

iMoney是非常实用的计算汇率的工具，解决了一种货币同时兑换为多种货币的计算问题。有了这个工具就可以便捷地了解货币兑换信息了，非常方便逛商场购物时使用。该应用有170多种货币支持，并提供货币一览表，操作简单。

■ 大小：37.2 MB
■ 支持：iPhone手机、iPad、iPod Touch
■ 网址：苹果产品专用网站itunes.apple.com/cn/app/id389793068

除了下载专门的APP软件，一些经常用的网站也很值得收藏。了解交通、出入境、住宿等信息，最快捷的方式便是先登录相关网站，下面就为准备出游的你提供些可能对你有帮助的网站。

英国出行必备网址

网站名	网址
中国驻英国大使馆官网	www.chinese-embassy.org.uk
英国驻华大使馆官网	www.gov.uk
中国国旅官网	www.cits.cn
英国航空官网	www.britishairways.com

保险

去英国旅游，为自己和孩子买一份旅游保险很有必要。如果遇到自身财物被盗、突发急性病、交通事故等意外情况件，购买一份包括意外和紧急救援医疗双重保障的境外旅行险就非常重要。可到慧择网上选择一份专业的保障英国旅游的境外旅游保险。

在决定购买一份境外旅行险之

前，一定要多花些时间了解一下，保单的覆盖范围是否包含有意外事故、遗失和被盗物品以及医疗费用是否由保险公司垫付等问题。境外游的保险条例应当包括紧急情况下的医疗费用（包括住院费用）、紧急回国的机票退款、行李丢失、取消行程、租住家庭旅馆或者公寓的附带险种（水、火、电、失窃等）、驾驶保险、人身意外伤害险等。除了考虑这些问题，你还应根据自己的旅游行程，充分考虑好购买保险的保障期限，再来根据相应的保额和天数进行投保。

● 可靠保险公司

国内有不少可靠的保险公司，父母既可以通过这些保险公司的官网投保，又可以到保险公司的营业部投保。平安保险、人寿保险、太平洋保险、泰康人寿保险等都是值得信赖的保险公司。无论选择何家保险公司，一定要选择适合自己境外旅行的险种。在投保时应当根据家庭的需求来选择合适的境外旅游保险。

常用保险公司	
网站名	网址
平安人寿保险	www.life.pingan.com
中国人寿保险	www.e-chinalife.com
太平洋保险	www.ecpic.com.cn
泰康人寿保险	www.taikang.com

⭐ 要让孩子牢记的安全知识

当父母带孩子出门旅游时，风险来自四面八方，由于孩子年龄小，对世界的认知和自身应对风险的能力有限，让父母格外挂心。作为父母应提前告诉孩子遇到危险时该怎么办，让孩子牢记一些安全知识，这样会减少很多麻烦。

● 孩子出行安全常识

和孩子外出旅游首先要注意交通安全。要让孩子了解各种交通工具的安全须知，父母在上下车比较拥挤时一定要看护好孩子，以防孩子被挤伤或碰伤。在卧铺车厢的父母一定要告诉孩子不要老是爬上爬下，更不要在相邻的上铺、中铺之间跨来跨去，以免不留神摔伤。坐公交车或自驾时，孩子的交通安全也需要格外注意，下面就来详细介绍一些相关的安全信息：

1.危险随时可能发生，儿童乘汽车时必须坚持使用儿童安全座椅；

2.乘车时，车上所有的人（包括孩子）都必须系上安全带；

3乘坐公共交通时，不要让孩子靠近开的车窗，他可能把胳膊伸出窗外造成危险，也可能抛出物品伤害他人；

　　4.永远也不要把孩子单独留在车里；

　　5.孩子在车里和车周围玩耍都是不安全的，警告孩子不要这样做。要让孩子明白汽车不是玩具，并让他们懂得危险性。

● 孩子迷路了怎么办

　　要让孩子记住家长的电话号码，教会他们怎样找到公用电话、怎样打电话，除了给爸爸妈妈打电话，必要时还可以打当地报警电话求助。在儿童身上放一张家长联系卡，联系卡写上儿童及家长的姓名、家庭住址、联系电话，万一和孩子走散了，可以让孩子自己或别人尽快地帮忙找到家长。需要注意的是，迷路了要告诉孩子不要跟陌生人走，有问题要找警察。

　　给孩子准备一部只能打电话、发短信的超长待机手机，开通国际漫游（不要能玩游戏的，防止孩子忍不住玩，耗尽电量）。让孩子熟记父母的手机号、住宿地的名称（最好能写下英文让孩子随身携带），防止手机丢失或者被抢走而联系不上亲人。需要注意的是，要告诉孩子即使迷路了，打电话后要在原地等父母前来，不要随意乱跑。

　　如果是在商店里与父母走散了，不要离开商店，先在原地等一会儿，如果还不见父母找来，就请商店职员帮忙找到广播室，说清父母和自己的名字，利用广播找到家人。

● 遇到其他情况怎么自救

　　为让孩子了解遇到着火、人多踩踏、掉进水中等情况的自救常识，父母要提前带孩子练习正确的自救姿势。另外父母牢记，带着孩子每到一个地方，都要记住安全出口的位置。这个要在国内的时候就养成习惯，不要等到了国外游玩时才开始培养。

● 玩游戏时注意安全

　　玩跷跷板时，要记得告诉他们，如果不想玩了，先跟大人或对方说，同时下来。否则一方下来了，另一方没有准备，很可能被狠狠地摔一下；而先离开孩子如果走得慢，很可能被一下子跷起来的板子拍到。

　　摩天轮和过山车等大型游乐项目是大多数孩子喜欢的。在让孩子坐之前，一定要告诉他，千万不能解开安全带。

　　要教给孩子，无论如何都不能在马路边玩耍，玩球类玩具要注意周边环境，最好去公园人较少的地方，还要有家长陪伴。

在路上

在英国旅行，要考虑到路上的种种情况。首先就是如何出入境，掌握一定的出入境技巧非常重要。还有，如果碰到孩子身体不适怎么办、孩子吃不惯当地食物怎么办，要提前想到这些路上可能发生的问题，然后找到相应的应对办法，并对英国的吃、购、娱等信息有充分的了解后，才能在当地轻松地购物，愉快地玩耍、享受美食，让行程变得简单。

出入境

出入境是进入英国非常重要的环节，掌握一定的出入境技巧会为你的旅程节省不少时间。大多数情况下，从中国出境和进入中国边境，都可以通过询问的办法获得指导，比较方便。而从英国出境和进入英国边境，则需提前了解基本的步骤，这样会有不少帮助，避免忘记退税、过不了安检、遗落物品等情况出现。

● 英国入境的步骤

当游客乘飞机到达英国后，在下飞机的那一刻会有一点茫然，觉得自己在一个语言、文字、环境都不熟悉的地方，入境变成一件非常困难的事。其实入境英国也没有想象中的那么困难，只要你按照一定的指示和步骤，就很容易通过。

入境流程

填写出入境卡

在飞机快要到达目的地城市时，工作人员会发给乘客一份英国入境卡（Landing card）。入境卡为全英文的，如果不会填，可以在工作人员的指导下进行填写。入境卡的蓝色背景部分不要填写，是英国边境管理局（UKBA）工作人员填写的。在填写时，注意全部用英文填写。填好后要妥善保管，在入境时交给海关人员

填海关申报表

通过航空进入英国，在飞机落地前，游客需照实填写海关申报表。填好后，要将出入境卡、海关申报单和护照等证件放在一起，以准备下飞机后检查

入境检查

入境口岸有3种通道，分别是英国公民通道（British Passport）、欧共体国家公民通道（Eccountries）和其他国家公民通道（Other Passports）。中国游客需走其他国家公民通道办理入境手续，移民官一般会先核查入境者的来英身份或事由（如学生、商务、探亲等），然后要求检查相关证件

提取行李

入境检查完毕之后，就可以去行李提取处（Baggage Rechaim）领取托运的行李了。你可以通过行李提取区的电子显示屏上显示的航班编号，找到相应的行李转盘，拿到自己的行李。要注意，提取行李时看好孩子

过海关检查

提取完行李之后，就要带着自己所有的行李去接受海关检查。英国的机场都有红、绿色通道。绿色通道（Nothing to Declare）为无申报通道，携带的物品在免税范围内的游客可以从这里入境英国。不过在此通道中，海关人员会抽查行李。红色通道（Goods to Declare）为申报通道，如果你携带的物品超过了免税范围或有申报的物品，则需从这个通道入境。在接受检查时，若海关人员要求开箱检查一定要积极配合。通过海关检查出关后，就可以出机场了

入境可携带物品、需申报物品和禁止携带物品

非英国公民可免税携带物品	200支香烟或100支小雪茄或50支雪茄或250克烟草
	1公升酒精含量超过22%的烈性酒或2公升酒精含量低于22%的酒品
	全部价值相加不超过390英镑的其他物品（含香水和纪念品）
	17周岁以下人员不得携带烟草和酒精制品入境
不准携带进入英国的物品	植物、蔬菜、鲜肉、动物、管制药品、毒品、弹药、军火
需要申报的物品	电脑、高级相机、摄像机、价值1万欧元（约合8366英镑）以上的现金

> **潮爸辣妈提示**
>
> 过完海关检查先不要出机场，你可以去机场的咨询服务处（Information）咨询一些有关旅游的事项，也可以在交通信息处（Travel Information，Transport for London）询问交通等信息。机场有货币兑换处，如果你要兑换英镑的话，最好在此兑换一些。

● 从英国机场离境步骤

英国的出境程序与入境时差不多，但也有很多需要注意的问题。在离开英国前的72小时内，最好打电话到自己预订机票的航空公司确认机位；乘国际航班需至少提前2个小时到达机场办理离境手续。

离境流程

领取登机牌、托运行李	办理退税手续	接受安全检查	出境审查	登机
在找到离境航站楼之后，可以看到一个写着"哪里可以报道（Where to Check In）"的电子显示屏，上面会显示飞机起飞的时间、目的地、航班编号、报到区域，你可据此找到报到的区域（Zone A～G），轻易找到报到柜台。然后出示护照、签证领取登机牌（Board Pass），办理行李托运手续	如果自己有可退税的商品，那么就可以在离境航站楼的退税窗口办理退税。在寻找退税地点时，可以先找红色的"VAT REFUNDS"标识，然后去排队。如果你的退税商品需要托运，那么就在退税检查完之后再去托运行李	检查时，游客需出示登机牌，并接受手提行李和人身检查	拿到登机牌、办理完退税手续之后，则可以去离境检查处（Departures）接受离境检查	和孩子进入登机区后，可以按照登机牌上面的登机口号码，找到登机口，准备乘飞机离开

就餐

英国是一个美食汇聚的国家，有自己驰名世界的特色美食，如炸鱼薯条、约克布丁、爱尔兰炖牛肉、烤牛排、英式下午茶等。英国还汇集了来自世界各地的美食，如法国美食、意大利美食、美国美食等。英国各地的中餐馆比较多，如果孩子吃不惯外国美食，也可以选择前去就餐。此外，英国还有快餐厅、自助餐厅等，这都是就餐的好去处。英国有不少米其林餐厅，如果你想感受高品质的服务、幽雅的就餐环境，品尝高品质的菜肴，那就可以找一家米其林餐厅享用一顿大餐。

● 正式餐厅

英国拥有众多当地美食餐厅和世界美食餐厅，如果你想了解各个城市餐厅的就餐人均价格，可以查阅该城市杂志上的餐厅一览表。品尝当地特色美食的最好去处是当地的特色餐馆，像伦敦、爱丁堡等大旅游城市都有很多知名的当地餐厅。英国最出名的本土食物是薯条和炸鱼，本地英国餐馆基本都会提供，可带孩子品尝一下。此外，在英国正餐厅用餐一般要给小费。

● 自助餐厅

英国自助餐厅的菜大多是采用焖、烩、煮等方式烹制出的菜肴，还通常佐食一些沙拉、面包、汤及甜品。在高级的自助餐厅，餐厅会安排厨师现场制作一些烧烤肉类供食客即时享用。现在英国也有很多提供中国菜肴的自助餐厅，这种餐厅的自助餐为6英镑/人，火锅自助约为12英镑/人，非常实惠。此外，一些料理店如日本料理、韩式料理、墨西哥料理等也提供自助餐。

● 快餐店

英国有国内最常见的快餐店，如麦当劳、肯德基、汉堡王、赛百味，以及普雷特、伊特吃货等。下面推荐几种快餐店：

英国常见快餐厅	
名称	**特色**
肯德基、麦当劳	与国内的店面、食物相似，只是套餐有所不同。在各大超市、商场、加油站、车站、机场、街道上很容易看见这两个快餐店的身影
汉堡王（Burger King）	很普遍，其汉堡很大，分量很足
赛百味（Subway）	主打健康的三明治
普雷特（Pret a Manger）	英国本土的三明治店，它们的法棍三明治质量很高。除此之外还提供热汤、包子、寿司、可颂面包、麦芬蛋糕等
伊特吃货（EAT.）	风格与普雷特相似，食品的味道及质量都不错
格雷格斯（Greggs）	这是酥皮派烘焙坊，每天都提供新鲜出炉的面包，还有各种纸杯蛋糕和甜甜圈等甜食，定期还推出特定口味的派饼
必胜客（Pizza Hut）	著名比萨连锁店，和国内的相似

购物

英国是一个购物天堂，带孩子旅行的游客，可以给孩子买到一些独特的玩具，伦敦的哈姆雷斯玩具店和牛津的爱丽丝的店是孩子们的玩具天堂。英国的泰迪熊和童装也都质量上乘。至于父母，英国是著名的时尚品汇聚地，各大商城、著名的购物街和购物村都是扫货的好地方，相信各种品牌一定能满足你们的购物需要。

● 在英国购物提示

在英国购物需要注意两点：一是商店中不讲价，标多少钱就卖多少钱；二是顾客自觉排队，英国人不喜欢有人插队。

如果你要在商场购买昂贵物品，可以参考一下商场提供的购物杂志，上面有不同厂家、产品价格、质量方面的比较。在大超市购物，你不用担心质量和价格欺诈问题，在付款后，收款机会打印出一张详细的收据，如发现什么问题，可以找商场解决。假如你能出示收据，店家会及时为你调换有毛病的商品，所以一定要把收据和质量保证书保存好。

英国大多数商店的经营时间都是10:00～18:00，一般周一到周五营业，有的周六也照常营业，周日休息。每周四是深夜购物日，众多商店会营业到19:00或20:00。现如今，周六、日像往常一样营业的商店也日渐增多，这大大方便了前来购物的人们。在英国，很多城镇和乡村中的商店在一周当中除周日外，大多数时间只营业半天。

● 做一个精明的购物者

抓住购物时机

在英国购物，要学会抓住购物时机。每年的夏季（7～8月）和圣诞节前后是全英国大减价的时候，也是人们疯狂购物的时候。一些名牌商品常常打5折，服装类甚至有打1～2折的。如果不是此时前往，可以去一些专门的品牌折扣店和购物村，里面名品的折扣力度也比较大。

网上查询优惠信息

在购物之前如果能了解一些优惠信息会省不少钱。在网站www.saveinuk.com上，你可以找到各类商品的打折券，如National express、Argos、Dell、Last minutes等，这些打折券均免费；而网站offeroftheday.co.uk是一个提供最新打折促销信息的网站，非常好用；在asseenonscreen.com网站上，也有一些名牌打折的信息。

去工厂直销店

如果你的时间比较宽裕，可以到工厂直销店里以2～3折的价格买到名牌产品。购买工厂直销店的商品不用担心质量问题，但颜色或者尺码可能不全，网站Gooddealdirectory.co.uk提供各大工厂直销店集散地的打折信息，可以查看一下。

● 不可错过的英国顶尖名牌

博佰利（Burberry）的奢侈品、维维安·韦斯特伍德（Vivienne Westwood）的服装、其乐（Clarks）的皮鞋、米勒·哈瑞丝(Miller Harris)的香水等，都是去英国可以购买的物品。

娱乐

英国的娱乐方式可谓是丰富多彩，不过很多是针对大人们的，如咖啡厅、酒吧、剧院、KTV、剧院等。对于带孩子来此旅游的父母而言，去各大游乐场是不错的选择，英国还是著名的足球王国，带孩子去看场球赛将是很不错的体验。要注意，带孩子游玩，要对各种娱乐场所进行筛选，不适合带孩子去的一定要回避。英国的节日也是五花八门，热闹非常，如果能和孩子参加当地人的节日就更好了。

● 游乐场

带孩子去游玩，各种游乐场和游乐设施是不错之选。英国是一个游乐场聚集的国家，大小游乐场遍布各地，其中还包括闻名遐迩的奥尔顿塔。

英国著名游乐场推荐			
名称	位置	网址	特色
奥尔顿塔（Alton Towers）	Alton, Staffordshire	www.altonto-wers.com	世界十大游乐场之一，目前是英国最大的主题公园，拥有着众多机动游戏项目，同时每年都会更新游乐项目
黑池游乐海滩（Blackpool Pleasure Beach）	525 Ocean Blvd Blackpool	www.blackpool pleasurebeach.com	号称英国的拉斯维加斯，是英国最受欢迎度假胜地之一，遍布各种主题游乐园
切斯顿冒险世界（Chessington World of Adventures）	Leatherhead Road, Chessington	www.chessing-ton.com	英国南部最大的主题公园之一，除了各种游乐设施，里面还有一个动物园，你可以看到很多濒危物种，同时还能欣赏动物表演秀
德雷顿庄园主题公园（Drayton Manor Theme Park）	Drayton Manor Dr,Fazeley,Mile Oak,Tamworth	www.draytonmanor.co.uk	以家庭游玩为主打，里面有过山车，其惊险程度绝对可以用惊心动魄来形容；还有充满童趣的儿童游乐项目

● 英国著名的足球场

英超是毫无争议的世界顶级联赛，到了英国，可以和孩子看一场精彩的足球比赛。如果孩子正好是个足球迷，那就更不能错过了。英超比赛球场氛围热烈，有很强的感染力。运气好的话，可以和孩子喜欢的足球明星合影留念呢。

英国著名足球场推荐			
球队名称	球队主场	地址	中文官方网址
曼彻斯特联队	老特拉福德球场（Old Trafford Stadium）	Sir Matt Busby Way, Sttretford,Manchester	www.manutd.com
切尔西足球俱乐部	斯坦福桥球场（Stamford Bridge Stadium）	Fulham Road,Fulham, London	www.chelseafc.com
阿森纳足球俱乐部	酋长球场（Emirates Stadium）	Hornsey Road, London	www.arsenal.com

球队名称	球队主场	地址	中文官方网址
曼彻斯特城足球俱乐部	伊蒂哈德球场（Etihad Stadium）	Ashton New Road, Manchester	www.mancity.cn
利物浦足球俱乐部	安菲尔德球场（Anfield Stadium）	Anfield Road, Liverpool	www.liverpoolfc.com

小费

英国有付小费的传统。乘坐出租车一般要付小费。在餐馆、酒吧等地，用完餐后在座位上向服务生示意，服务生就会过来结账。除非账单上已标明内含服务费（Service Included），一般都要给10%～15%的小费，也不用太仔细计算，通常是找回的零钱留下或补整数即可。如果使用信用卡结账，直接在签名时写上小费金额然后加在用餐费用中即可。在一些高档餐厅内用餐后，服务员会将账单放在一个夹子内给你，付小费时，纸币可直接放在夹子里；若是硬币则可放在餐桌边或直接给服务员，但是尽量避免给硬币。现在很多餐厅流行直接将小费计入账单中，这样可省去客人再额外给小费的麻烦。在酒店住宿后退房时可在房间的桌子上放些小费，留给打扫房间的服务员。

禁忌

在英国旅行，由于文化差异等诸多因素的存在，交流时可能会出现一些误会，所以了解些当地人的习惯和忌讳就非常必要。此外，由于个人习惯不同，有时也会引起不必要的麻烦，出门在外要注意自己的言行。当然，在旅游景点，一些不文明的行为也不要做。

● 习俗禁忌

1.出于宗教信仰，英国人忌讳"13"和"星期五"这些数字和日期。其原因都源于基督传说，重要的相会不要安排在与之相关的时间。

2.英国人忌讳"3"，尤其在点烟时，不论用火柴还是打火机，只能点到第二个人，然后要把火熄灭后，再给第三个人点；对"666"，他们也十分忌讳。相对而言，数字"7"在英国是一个代表幸运和吉祥的数字。

3.对于被视为死亡象征的百合花和菊花，英国人十分忌讳。此外，他们忌讳用黑猫、大象、孔雀作服饰图案和商品装潢，他们认为黑猫是幽灵象征，大象是愚笨的，孔雀是祸鸟。另外猫头鹰在英国名声也不好。

4.在人际交往中，英国人不欢迎贵重的礼物；涉及私生活的服饰、肥皂、香水，带有公司标志与广告的物品，亦不宜送给英国人。而鲜花、威士忌、巧克力、工艺品以及音乐会门票，则是英国人比较喜欢的礼物。

5.与英国人交谈时，切勿涉及英王、王室、教会以及英国各地区之间的矛盾。

6.在英国，室内打伞会被认为会给主人带来不幸。如果到英国人家做客恰好赶上下雨，一定要避免在屋里晾伞。

● 隐私禁忌

英国人普遍都有很强的隐私观念，因而在交往中不要问过多的关于个人隐私的问题。英国人最忌讳别人谈论男人的工资和女人的年龄，就连家里的某个东西值多少钱也不该问，因为这些都是他个人生活的秘密，他们不喜欢别人过问。

● 旅游禁忌

在英国旅游，尤其是去教堂、博物馆参观，有很多注意事项。去教堂最好穿着正式一些；博物馆内普遍禁止使用闪光灯拍照，当然，大部分博物馆还是允许不开闪光灯拍照的。

在欧洲旅行，一定要爱护文物，不能乱刻乱画，合影留念时不要踩踏文物。也不要在公共场合大声喧哗，更不要随地吐痰。

意外应对

在外游玩，难免遇到一些意外事件，尤其是带着孩子旅行，父母们更需多加注意。万一意外事情发生了，要能快速地想出解决办法，才能保证旅途顺利。在英国旅行，孩子远涉万里之外，出现身体不适或者其他情况，父母要及时处理。另外物品丢失尤其是证件丢失也是非常麻烦的事情。下面的内容可以帮你们在遇到一些意外事情时，能够快速找到解决办法。

● 宝贝第一

孩子就是父母的心肝宝贝，在外游玩孩子有点不适，父母就很闹心。孩子可能遇到的事情较难以处理的是水土不服、意外伤害等，如何处理这些事情往往是父母最为关心的。

水土不服

水土不服通常表现为消化道症状，如呕吐、腹泻。带孩子出游前就应当带孩子多吃些蔬果、饮食清淡些，以免造成孩子身体不适。到了英国，尽量不要带着孩子吃一些和国内食物差别太大东西，更不要吃冷食。如果发现孩子水土不服，可以及时让孩子多休息，每天用温水给孩子泡一杯蜂蜜，增添B族维生素，并且让孩子保暖，减少激烈的活动。如果孩子情况有些严重，可服用少量药对症处理。如呕吐、腹泻可服用甲氧氯普胺，诺氟沙星等；皮肤瘙痒可服用阿司咪唑等。

意外伤害

孩子生性活泼好动，尤其是小男孩喜欢攀高、爬树、从高处向下跳等，这些很易于擦伤或摔伤。

如果孩子不小心擦伤了，皮肤出现出血，可用碘油、酒精(红药水)涂伤口周围的皮肤，用干净消毒纱布包扎好。如果没有碘酒、酒精，可用干净的水清洗伤口，然后涂上抗菌软膏，再贴上创可贴。如果擦伤面积太大，可在简单处理后，立刻带孩子就医。如果孩子不小心烫伤了，及时用冷水冲洗烫伤，上药后用干净的棉布包裹伤口，如果伤口严重应立即去医院。

● 其他意外

证件丢失

在境外旅行丢失护照或签证，是一件很令人烦恼的事情，将给旅途增添诸多不便。万一证件不小心丢失，也不必慌张，应立即到当地的警察局报案，取得遗失证明，然后再前往中国驻当地的使领馆先申请补办旅行证。

中国驻英国使领馆信息			
名称	地址	电话	网址
中国驻英国大使馆	49 Portland Place, London	020-72994049	www.chinese-embassy.org.uk/chn
中国驻爱丁堡总领事馆	55 Corstorphine Road,Edinburgh	0131-3373220	edinburgh.chineseconsulate.org/chn
中国驻曼彻斯特总领事馆	Denison House,71 Denison Road, Rusholme,Manchester	0161-2248672	manchester.chinese-consulate.org/chn

行李遗失

如果下飞机时行李找不到了，可以持登机证上的行李注册存根请工作人员帮忙查找。万一还是找不回来，则须填写报失单，要详细地写清楚行李箱中的物品和大概价格，并保留一份副本和机场服务人员的姓名及电话，如果你的行李在3天内没有被找到，航空公司会按照合同给予赔偿。

贵重物品遗失

游客最好将信用卡、银行卡的卡号，旅行支票的支票号码记下来，贵重物出门时最好不要随身带，可以放在酒店的保险箱内。如果信用卡或银行卡丢失，应及时与信用卡发行商取得联系，请其停止相关的信用卡业务。若旅行支票丢失，只要支票的复签栏没有签名的话，就不会有太大的影响，不过事先要把支票的号码记下来，以方便补办和申请赔偿。

孩子生病了怎么办

孩子抵抗力比较弱，为了预防孩子生病后自乱阵脚，父母很有必要事先做些准备。同时，为了预防临时找不到药店、医院，父母最好在出前先请儿科医生开一些儿童常用药，关键时刻也能派上用场。自带的药物一般有黄连素、感冒药、消炎药、止痛药、创可贴、风油精等。带男孩子出行还需要多准备些跌打肿痛类的药；带女孩子出行则要多准备些感冒、发烧的非处方药。另外，也要对住宿地附近的医院有所了解，以备不时之需。

● "灵丹妙药"百宝箱

旅行建议携带的常用药品	
症状	**药品**
治疗外伤的药物	酒精棉、纱布、创可贴、紫药水等
治疗发热、感冒、咳嗽和化痰药物	儿童专用感冒冲剂、板蓝根、小儿退热栓、泰诺、美林、复方阿司匹林等
必要的消炎药物	阿莫西林、阿奇霉素
治疗便秘的药物	杜秘克、开塞露
治疗腹泻的药物	多粘菌素、力百汀以及治疗脱水的口服补液盐
肠胃药	藿香正气液、保济口服液、复方胃舒平等
过敏药	氯苯那敏
纠正睡眠的药物	苯海拉明、水合氯醛
晕车药	如海拉明（年龄小的宝宝）、茶苯海明（学龄儿童）

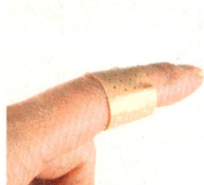

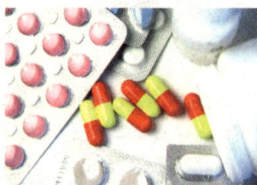

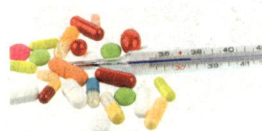

出游方式

去英国旅行，有多种旅行方式可供选择，一般分为跟团游、自助游、自驾游几类，父母可根据自己的经济能力和喜好自主选择。跟团游是最为省力的方式，比较适合初次带孩子出国的游客。自助游的自由度高，但事事都得自己操心，带着孩子可能有时忙手忙脚，不能畅快游玩，如果感觉很难应对旅途状况可以选择半自助的方式加以弥补。自驾游也是带孩子游玩的一大选择，但需根据孩子的年龄和承受力做好安排。

跟团游

如果你比较担心自己的语言能力，或者感觉带着孩子出游比较麻烦，可以选择随团旅行。跟团游的好处就是吃住玩不用自己操心，和孩子只管玩就行了。而且全程有人为你们解说，孩子也能听懂。

在选择旅行社时一定要选择正规的旅行社，很多时候服务质量与价格并重，一定不要轻信旅游广告，要知道价格与质量有着密切的关系，有的旅行社之间的价格可能会相差几百元甚至上千元，其实这都与旅游商品的内容、质量联系在一起。一般来说，旅行社的报价包括两种：一种是全包价，即包括食、宿、行、游全部费用等；另一种是小包价，即只包一部分费用或在某一段行程中的费用。游客应根据自己的消费能力，选择适合自己的旅行方式。

● 选择合适的旅行社

在选择旅行社时，最好能多了解几家旅行社，做咨询和调查，货比三家。有的旅行社为争夺客源，故意降低价格但实际降低了服务质量。

选择旅行团时，可着重鉴别的内容如下：

1.行程安排是否合理，与自己预想的行程是否较为接近；

2.明确费用内容和质量，注重服务内容的细节，如出行返回时间、交通工具、住宿(店名、地点、星级及入住房间标准)、用餐(店名、地点、用餐标准)、景点票价的支付、有无全程导游、有无购物安排、旅行社是否已购买旅行社责任险、是否按规定向游客建议购买足额的旅游意外保险等；

3.行程表越详细，游客与旅行社中途随意更改变动行程安排的可能性就越小。

游客可以在国内报团，也可以到了各旅游城市再报团（详见各城市的资讯）。中国国内比较有影响力的旅行社有中国旅行社（简称"中旅"）、中国国际旅行社（简称"国旅"）、中国康辉旅行社、中青旅、锦江旅行社、春秋旅行社、广之旅、中信旅行社。

部分旅行社相关信息			
旅行社	地址	电话	网址
中国旅行社（北京）	北京市朝阳区霞光里15号霄云中心B座7层	400-6006065	www.ctsdc.com
中国国际旅行社（北京）	北京市朝阳区建外大街28号旅游大厦701室	400-7005766	www.citsbj.com
中国青年旅行社（上海）	上海市黄浦区黄陂北路228号	400-6777666	www.scyts.com

自助游

自助游时间自由，行程可以任自己安排，也可以根据孩子的情况随时调整行程，与此同时还可以体验英国地方的民俗风情，因而很受游客欢迎。但是选择这种方式就要在出发前做好全面的准备工作。在英国旅行，自助游可分为全自助游和半自助游。

全自助游有最大的自由度，可以根据自己的喜好有选择地游玩，但是选择全自助游需要做好充分的准备工作，以防中途出现突发状况。如果孩子年龄较大或者适应能力很强，可以考虑全自助游方式。

半自助游需要做的准备工作相对少一些，但是相对来说会受一定的约束。一般来说，半自助游有两种方式：一种是从国内的旅行社代订好往返机票与住宿的酒店及地接服务，到了目的地后自己规划行程；另一种自己解决往返问题，到达目的地后跟当地团参加旅游，这种方式更适合带着孩子的父母。在当地参团的话最好参加国内大旅行社在当地的分部或当地的华人旅行社。

● 自助游如何更省钱

省钱也是很多人选择自助游的一大原因，在住宿、交通、娱乐、票价等都可以挖掘出省钱的地方。

自助游省钱窍门	
省钱方法	**细节**
制订旅行计划	确定时间、地点，以重点目的地为中心规划路线，尽量不走重复路线
巧用时间差	最好选择淡季出游，英国的网站很发达，提前网上购票优惠很多，可以节省很多钱
选择交通工具	去英国的机票费用是一大开销，可以选择一些一次中转航班，会省不少钱
以步代车	在英国很多城市的景点密集，可以步行直达，像牛津这样的大学城更可以步行参观
在景区外食宿	景区内的食宿一般都比较贵，可带些便利食品在路上吃，出了景区再找餐厅和住宿地
慎买景区商品	建议到英国的购物街去购买价格实惠的商品，景区的东西较贵，样式也比较少，建议别在那里买

自驾游

在英国租车自驾游是很方便的出行方式，而且英国租车手续比较简单，自驾起来比较容易。带孩子在开车游玩时一定要注意遵守交通规则，并且照顾好孩子；尽量不要去太过偏远的地方，也不要选择太长的路线，让自驾者及孩子过于疲劳。

● 英国著名租车公司

英国提供租车服务的公司非常多，既有英国本地的，也有全球性的。选择的时候尽量找大的租车公司，它们的车况一般较好，并能及时地提供指导和帮助，发生纠纷也较容易交涉。

英国部分租车公司			
名称	地址	网址	简介
Avis	London St.Pancras Train Station, St.Pancras International, Pancras Rd.,Kings Cross,London	www.avis.co.uk	国际租车公司，在这里租车很方便
Hertz	200A Buckingham Palace Road, Belgravia,London	www.hertz.co.uk	国际租车公司，在英国有很多租车点，很方便
Eurocar	Elm Mews,Bayswater Rd.,London	www.europcar.co.uk	欧洲最大的租车公司，在英国有很多租车点，方便快捷

在英国租车比较注重舒适度。一般而言，租车公司是按照汽车的型号来收取费用，所以你很可能会发现奥迪和本田的价格竟然是一样的，或者本田比奥迪还贵。在租车之前，最好先去网上查一下大概的价格，货比三家再决定租什么车。

● **英国自驾注意事项**

英国的高速公路设置了很多视频监控设备，违章抓拍设备以及为检测紧急停车带占用情况而设的设施，其中视频检测设备的设置密度较大，在驾车行驶时一定要注意限速标志切勿超速。

⭐ 如何在英国自驾游

如何租车

由于中国并未签署《联合国道路交通公约》，所以在中国不能办理国际驾照。在英国租车，中国游客需要持有的证件较多，包括驾驶者本人护照及签证、驾驶者本人中国驾照和驾照英语翻译公证文件（可通过国内公证处办理，很多租车公司不要翻译公证文件，但有备无患吧），以及驾驶者本人足够额度的VISA或者Master Card标示的双币结算信用卡。需要注意的是，英国有的租车公司不接受国内新版驾照（或旧驾照翻译件）+驾照公证的组合，一定要提前问询，一旦接受预付租金，可能不会退还。

英国租车注意事项	
事项	**详情**
行驶方向	右舵车，靠左行驶；英国的街道上行人和自行车很少，汽车的车速一般比较快，要时刻注意安全
租车价格	淡季比较便宜，旺季会高点。英国人比较注重车的舒适度和空间的宽敞度，小型车便宜点，宽敞型的车比较贵
签订合同	正规租车公司的合同会详细标记好你所租用车辆的具体情况，要注意在租车时事先检查好车子的状况，尤其是一些刮痕和设施是否完好，如有问题及时告诉工作人员做好标记，避免还车时多生事端
购买保险	建议在出行前买好保险，发达国家的保险很齐全，一般租车时，租车公司会提供相应的保险
携带证件	驾驶证及翻译件、公证件带在身上，租车和交警突击检查用得到
交通标识	买一本英国的交通识别标示册子，牢记单行线和步行街
拿上名片	小小的一张租车公司的名片，能在你遇到问题时帮你解决很多问题，发生紧急情况时也便于和租车公司联系
GPS导航仪	可以租用一个中文导航，在英国每个房子都有用数字和字母组成的两组编码，即唯一确定的邮政编码，只要每次把目的地的邮政编码输入，GPS就能很准确地把你指引到目的地

● 网上租车

　　通过网上查询和租车非常便捷。你可以登录各租车网站了解各车型组的价格信息、查询是否有特别的优惠活动，目的地的租车门店的分布，是否有便捷的取车点等问题。经过多方比较之后，便可选定某一租车公司并根据系统的提示进行预订。

　　填写租车订单时，一定要选好车型，详细阅读保险说明、驾照要求、订单条款、租车须知等，按照要求填写驾驶员信息和联系人等信息。如果带孩子出行，一般需要儿童座椅，在此时也应当填写清楚。

　　网上租车一般可选择在线支付或到店支付费用，一般在线支付会有一定的优惠。选择完支付方式后，需要使用信用卡支付费用，然后会收到预订确认邮件。收到确认邮件后，即可将邮件附件的提车单下载到手机或iPad等终端，或是直接打印出来，在提车时向门店员工出示提车单即可。

怎样加油

英国的高速公路或是城市街道上很容易找到加油站。自驾游从租车公司提车时一般都是加满油的，在还车时最好给车加满油，否则，租车公司会向你收取额外的加油费用（按升计价）。英国多数加油站都是自助加油，在加油前一定要辨别清楚油枪类型，以免加错油。

加油站一般提供Diesel（柴油）和Unleaded（汽油），取车时问清楚你的车加哪种油，有些油站还会有Premium Unleaded，也就是高级一点的汽油。自助加油站收费模式大致分为两类：一是自己加油，刷卡交费，需要使用带有芯片的信用卡，否则无法识别；二是自己加油，柜台报加油机号码交费，可以使用现金或银行卡。英国油价波动比较大，且各个加油站有不同，甚至市区与郊区的油价也不一样。

带孩子的父母，下车去加油、付款的时候，最好留一个人陪着孩子，并把门窗关好。不要让孩子打闹和玩火。此外，无论孩子要去洗手间、买东西，还是父母两个人要商量事情等，都要陪好孩子。

意外事故巧处理

在英国自驾游，由于交通规则不同，开车时要多加注意。另外，英国对于疲劳驾驶的监管也十分严格，最好不要长时间驾车，否则很有可能被警察（高速路上也有警车巡逻）开出高额罚单并强制休息，这样会严重影响旅游心情和接下来的行程安排。最重要的是，在英国，车辆靠左行驶，很多人会不习惯。

如果是租车自驾，对于租来的车要小心爱护，在出状况的时候第一时间给租赁公司和道路救援打电话。如果不幸发生事故，可以参考下页介绍的方法。

1.拨打道路援助电话；

2.写下涉及此事故的所有人及目击者的姓名和联系方式；

3.任何时候都不要不承认事故，要诚实；

4.若涉及第三方责任，请立即跟警方联系；

5.若有人员受伤，则要立即联系急救中心；

6.填写事故表格，多数租车公司会将其放在副驾驶前面的储物箱内；

7.未经租车公司允许，最好不要对所租赁车辆自行修理。

● 车辆被砸（被盗）

车辆被砸（被盗）是比较严重的意外事故，遇到时不要慌张，按流程办事，能使意外得到更好的解决。最好把车辆停在有人看守的收费停车场中，若停在免费停车场或偏僻地带，不要在车内留下任何重要的私人物品。

车辆被砸或被盗后要及时拨打报警电话，交给警察处理，警方会警察进行简单的询问及记录，对案件进行登记并给你报案卡和报案号。然后等待警方回复即可。如果同时贵重物品丢失则及时对信用卡、SIM卡等进行挂失，以免造成其他损失。

若买了旅行保险，依据保险公司的报案要求，向保险公司报案。保险公司会依据本人及警方提供的信息对案件进行核实，然后进行索赔事宜。

● 剐蹭

如果只是剐蹭之类的普通事故，将车辆移至路边，责任明确之前不要因为客气而先道歉，及时拨打电话报警，由警察登记和处理事故；如果车辆损坏影响正常行驶，不要盲目处理车辆或现场尽快报警并联系保险公司。租车发生刮擦，不要和对方私了，要和租车公司联系，否则容易和租车公司发生纠纷。

畅游世界，在旅行中成长

带孩子游英国

PART 2

带孩子游伦敦

081 ▶▶ 111

　　伦敦是一个浸润着古老气息又充满了现代风华的都市，每一个角落都有着别样的精彩。这里有屹立于泰晤士河畔的摩天轮——伦敦眼，有惟妙惟肖的杜莎夫人蜡像馆，有知识与艺术的殿堂大英博物馆，有福尔摩斯的"老家"——福尔摩斯博物馆，还有最富英国皇家气息的白金汉宫，以及最让孩子们兴奋的哈姆雷斯玩具店……带孩子去伦敦吧，这里将是英国之行不可或缺的一站。

带孩子怎么去

和孩子一起前往伦敦建议选择直达的航班，目前从我国直达伦敦的航班非常多，父母可以根据自己所需来选择。不过需要注意的是怎样在飞机上保持孩子的好心情，父母最好让孩子多休息，保持体力投入到此次旅行中。

优选直达航班

目前从中国乘坐飞机能直达伦敦的城市主要是北京和上海，一些其他城市也有直达航班，可以事先查询。游客可以参考下面的信息，选择航班。表格中的出发时间是以北京时间为准，到达时间是伦敦当地时间。北京时间比伦敦时间早8小时（标准时差）；当伦敦实行夏令时时，早7个小时。

从中国到伦敦，承运直达航班的航空公司主要是中国国际航空公司和中国东方航空公司，这两家公司都提供中文服务，适合于带着孩子、首次出境游玩的游客。其他提供中国到伦敦的航空公司还有维珍航空、英国航空、洲际航空等，不过班次较少，游客可根据自己需要选择。由于航班信息可能会有调整，请以官方为准，这里仅供参考。

中国到英国的部分直航航班资讯						
承运公司	航班号	班次	路线	出发时间	到达时间	实际北京时间
中国国际航空公司	CA855	每天均有	北京→伦敦	16:25	夏令时 20:40	次日凌晨 3:40
				14:30	冬令时 17:50	次日凌晨 1:50
	CA937	每天均有	北京→伦敦	14:10	夏令时 17:45	次日凌晨 0:45
				12:30	冬令时 15:55	当天23:55
	CA7021	周一至周五均有，其他参见官网	上海→伦敦	11:40	夏令时 17:20	次日凌晨 0:20
					冬令时 16:55	次日凌晨 0:55

承运公司	航班号	班次	路线	出发时间	到达时间	实际北京时间
中国东方航空	MU551	基本上每天都有，偶有调整	上海→伦敦	13:00	夏令时 17:45	次日凌晨0:45
				12:30	冬令时 17:40	次日凌晨1:40
英国航空	BA038	每天均有	北京→伦敦	11:15	夏令时 15:20	当天22:20
				12:10	冬令时 15:35	当天23:35

巧法 "调时差"

北京时间和英国伦敦的标准时间相差8小时（英国实行夏令时时差7个小时），从上面的直达航班来看，经常是坐中午的飞机飞了10多个时之后，到了当地才是下午。如果在飞机上睡一觉，到了当地该睡觉的时候却又睡意全无，如果飞机上不睡，这个"白天"又着实太过漫长了，这样多少是会对旅行质量造成一定影响。

那么该如何调时差呢，一般人在乘飞机旅行过程大都选择睡觉，带着孩子这个就有些不太方便了。最好是孩子和大人一起调时差，选择在飞机上睡半天，醒来后一起看看童话书等度过，到了英国再度过个小半天白天，晚上就可以安安稳稳地休息，准备第二天的旅程了。

由于相当于多度过了半个白天，调时差时可以选择提前一天熬夜，在飞机上睡大半个航程权当"过夜"，然后就接上正常的作息规律了。这个对于大人来说不难，但对于孩子就得练习"晚睡晚起"了。

潮爸辣妈提示

建议父母选择寒暑假刚开始，或者中间一段时间出行，而不要等到孩子快开学了才出行。回国后要给孩子留至少5天的时间，适应平时的生活作息。

● 增强身体适应能力

说起来，调时差的问题对于身体适应能力极强的人而言非常容易。怎样让孩子增强这样的能力，也是不少父母感兴趣的话题。总结下来，主要包括坚持运动（以瑜伽、慢跑、游泳等为主）、节食（在飞机上减少进食，落地后再进食）、多晒太阳（注意防晒）、注重行前餐饮质量（以蛋白质含量较高、口味清淡、热量低、无刺激、量少为准）。年龄大一些的孩子，在这些方面增强了身体素质，基本可以跟成年人一样快速调整时差。

从机场到伦敦市

伦敦最主要的机场是伦敦希斯罗国际机场（London Heathrow Airport），又简称为希斯罗机场。这个机场位于英国伦敦西部的希灵登自治市，离伦敦中心有24千米，是全英国最繁忙的机场之一，也是英国航空和维珍航空的枢纽机场，还是英伦航空的主要机场。从中国前往伦敦的班机一般到达的就是希思罗机场，从北京、上海、香港每天都有直飞希思罗机场的航班。从希斯罗机场过海关，带小孩的旅客可以走家庭快速通道（Family Fast Track）。

		希斯罗国际机场至伦敦市的交通	
交通方式	英文	介绍	时间/票价
地铁	The Subway	希斯罗机场在伦敦地铁6区，可从机场乘地铁皮卡迪利线（Piccadilly Line）前往市区	约1小时到市区，票价3.1英镑
机场快线列车	Heathrow Express	从5航站楼乘机场快线可到帕丁顿（Paddington）火车站，从1、2、3、4号航站楼乘坐时必须到希斯罗中央站（Heathrow Central）乘车	从5号航站楼乘坐约15分钟到市区，普通票22英镑
火车	Heathrow Connect	从希斯罗机场的4航站楼发车，其他航站楼必须到希斯罗中央站换乘，火车的运行时间为周一至周六5:07～00:06，周日5:03～23:48	单程票10.2英镑
机场巴士	National Express	机场巴士运行时间为5:35～21:40，每25分钟一班，从各航站楼乘坐，可到维多利亚汽车站	到市内35～60分钟，票价6英镑起
出租车	Taxi	出租车分为黑色出租车（Black Cab）和迷你出租车（Mini Cab）两种，其中黑色出租车的车顶黄灯亮时表示是空车，招手即停，也可以在指定的出租车站等；迷你出租车比黑色出租车稍便宜一些，但需要提前预订	到帕丁顿火车站40～75英镑，耗时35分钟

亲子行程百搭

市内百搭

伦敦市内百搭路线示意图

（地图标注）
- 黑衣修士桥 Blackfriars Bridge
- 圣保罗座堂
- 伦敦桥 London Bridge
- Leadenhall Market
- Liberty London
- Hamleys
- 海德公园 Hyde Park
- 圣詹姆士公园 St. James's Park
- 绿园 Green Park
- 泰晤士河
- 落示圣尔林荫路
- 白金汉宫 Buckingham Palace
- Birdcage Walk
- Horse Guards Parade
- Stamford St
- Southwark St
- Borough Market
- 伦敦眼 The London Eye
- 威斯敏斯特宫 Palace of Westminster
- Great Dover St
- 伦敦塔、伦敦塔桥 Tower of London Tower Bridge
- 西敏大教堂
- Home Office
- 威斯敏斯特大教堂 Westminster Abbey
- IWM

PART2 带孩子游伦敦

历史路线

乘坐地铁Jubliee Line/Circle Line/District Line在威斯敏斯特站（Westminster）下，步行约2分钟即到

❶威斯敏斯特宫 （1小时）

Palace of Westminster

从宫殿出来向西北步行约2分钟，在Parliament Square站乘坐巴士在Westminster City Hall 站下，往西南步行约4分钟

❷威斯敏斯特大教堂 （1小时）

Westminster Abbey

步行路线较为复杂，可乘坐出租车前往，车费约2.4英镑

❸白金汉宫 （0.5小时）

Buckingham Palace

公园路线

海德公园很大，乘坐地铁Piccadilly Line在Hyde Park Corne站或Knightsbridge站下，或乘坐地铁Central Line在Marble Arch站下均可步行前往

❶海德公园 （2.5小时）

Hyde Park

海德公园南面出来，过马路到Knightsbridge站乘坐Piccadilly Line地铁在Green Park站下，往需穿过马路约3分钟

❷绿园 （1.5小时）

Green Park

从绿园东北侧出来，往东南走跨过The Mall，步行约2分钟

❸圣詹姆士公园 （1.5小时）

St. James's Park

泰晤士河路线

乘坐Bakerloo Line /Jubliee Line等地铁线在 Waterloo站下，朝南走到Leake Street，步行约6分钟可到伦敦眼

❶伦敦眼 （1.5小时）

The London Eye

从伦敦眼London Eye Pier码头乘坐RB1或City Cruises轮渡北上绕过泰晤士河拐弯继续前行

❷黑衣修士桥 （0.2小时）

Blackfriars Bridge

乘坐RB1或City Cruises轮渡继续前行，会路过千禧桥

❸伦敦桥 （0.2小时）

London Bridge

乘坐RB1或City Cruises轮渡继续前行，在Tower Pier站下即到伦敦塔、伦敦塔桥旁就是伦敦塔桥

❹伦敦塔、伦敦塔桥 （2.5小时）

Tower of London、Tower Bridge

周边百搭

摄政公园
The Regent Park

福尔摩斯纪念品公司
（福尔摩斯博物馆）
Sherlock Holmes Museum

杜莎夫人蜡像馆
Madame Tussaud's

狄更斯博物馆
Charles Dickens Museum

罗素广场
Russell Square

大英博物馆
The British Museum

伦敦周边百搭路线示意图

休闲路线

乘坐地铁Bakerloo/ Circle/ Jubilee/ Metropolitan等线在Baker Street站下，东行约100米即到

❶ 杜莎夫人蜡像馆 `1小时`

Madame Tussaud's

∨∨ 从杜莎夫人蜡像馆出来，沿着Marylebone Rd.A501路行至Baker St./A41路，左拐进入，沿之北行即到福尔摩斯纪念品公司，步行约3分钟

❷ 福尔摩斯纪念品公司（福尔摩斯博物馆） `0.5小时`

Sherlock Holmes Museum

∨∨ 从福尔摩斯纪念品公司出来，沿着Baker St.走到三角形路口处转入Outer Cir路，穿过Outer Cir路即到摄政公园，整个步行约200米

❸ 摄政公园 `2小时`

The Regent Park

博物馆路线

乘坐98 、N98路公交车在Montague Street站下即到大英博物馆

❶ 大英博物馆 `3小时`

The British Museum

∨∨ 从大英博物馆出来，其东侧就是罗素广场，步行约1分钟

❷ 罗素广场 `0.5小时`

Russell Square

∨∨ 沿着罗素广场东侧的Guilford Street东行至Doughty Street，转入南行即到狄更斯博物馆。步行约3分钟

❸ 狄更斯博物馆 `0.5小时`

Charles Dickens Museum

亮点

❶ 伦敦眼：摩天轮上的惊鸿一瞥

❷ 杜莎夫人蜡像馆：观看形象逼真的蜡像

❸ 哈姆雷斯玩具店：购买各种玩具

❹ 大英博物馆：畅游知识和艺术的海洋

❺ 科学博物馆：体验科技带来的神奇

❻ 福尔摩斯博物馆：拜访最牛侦探之家

伦敦眼

伦敦眼（The London Eye）坐落在伦敦泰晤士河畔，为迎接千禧年而建，所以又称"千禧之轮"。伦敦眼高达135米，曾是世界第一大摩天轮。乘坐摩天轮是孩子们最喜欢的事情之一，从摩天轮中俯瞰泰晤士河和伦敦市中心的美景十分惬意。伦敦眼共有32个乘坐舱，每个乘坐舱可载约16名乘客，旋转一圈需要30分钟，运行起来非常平稳，小一点的孩子也能乘坐。夜晚时分的伦敦眼色彩斑斓、美丽异常，乘摩天轮在高处远望也不错。

> **适合孩子年龄：** 6～15岁
> **游玩重点：** 攀高俯视伦敦美景，以傍晚最佳

亲子旅行资讯

✉ Riverside Bldg, County Hall,Westminster Bridge Road, London

🚇 乘坐地铁贝克鲁线（Bakerloo）、银禧线（Jubilee）等在威斯敏斯特站（Westmiminster）或者滑铁卢站（Waterloo）下可到

🌐 www.londoneye.com

💰 成人24.95英镑，4～15岁儿童18.95英镑，4岁以下儿童免费

🕐 1～3月10:00～20:30，4～6月10:00～21:00，7月1日至26日10:00～21:30，7月27日至8月12日10:00～12:00，8月13日至8月31日10:00～21:30，9～12月10:00～20:30

📞 0871–7813000

杜莎夫人蜡像馆

杜莎夫人蜡像馆（Madame Tussaud's）最早由杜莎夫人在伦敦创建，现在已遍布全世界，不过还是伦敦的这座最为"正宗"。伦敦杜莎夫人蜡像馆1楼是普通展览厅；2楼大厅展有当代世界各国政治人物、近代英国君主和王室成员的蜡像；3楼则有"戏剧性场面""温室"和"英雄"3个展览厅，顶楼是蜡像制作室。孩子对惟妙惟肖的蜡像充满了好奇，那些为人熟知的名人蜡像更会让他们兴奋不已。

适合孩子年龄： 6～12岁
游玩重点： 观看蜡像、挑战恐怖屋

亲子旅行资讯

✉ Marylebone Road, Marylebone, London
🚍 乘坐地铁贝克鲁线（Bakerloo Line）等在贝克街站（Baker Street）下即可
🌐 www.madametussauds.com
💷 成人34英镑，4～15岁儿童29.5英镑，4岁以下免费
📅 周一至周五9:30～17:30，周六、周日9:00～18:00
☎ 0871-8943000

潮爸辣妈提示

杜莎夫人蜡像馆中最出名的是它的"恐怖屋"，但不是所有的孩子都能承受，要根据自己孩子的实际情况安排，不可勉强，以免吓着孩子。

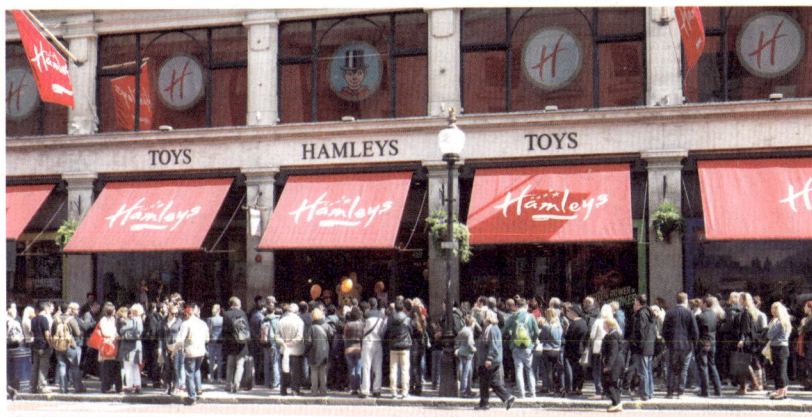

哈姆雷斯玩具店

哈姆雷斯玩具店（Hamleys Toy Shop）号称世界上最大的玩具店，是伦敦之旅最让孩子兴奋的地方之一。玩具店里从棋盘游戏玩具到高科技机器人应有尽有，只要是能想得到的玩具，都可以在这里买到。该玩具店位于摄政街共有7层，每层都有自己的侧重点，如低层是可爱的毛绒玩具，4楼是女孩区，5楼是模型区，6楼是男孩区，整个商店就像是个大集市一样。地下室是交互区，里面有乐高、训练卡、各种新奇的小东西，里面的游戏展示柜可以让孩子互动。

适合孩子年龄：4～12岁
游玩重点：购买各种玩具，参加有趣的游戏互动

亲子旅行资讯

- ✉ 188-196 Regent Street, London
- 🚗 乘坐贝克鲁线（Bakerloo Line）地铁在Oxford Circus站下即到
- 🌐 www.hamleys.com
- 💰 免费
- 🕐 周一至周五10:00～21:00，周六9:30～20:00，周日12:00～18:00

潮爸辣妈提示

哈姆雷斯玩具店除了在伦敦摄政街有总店外，在福来莎百货里以及伦敦希斯罗机场的航站楼和圣潘克拉斯（St. Pancras）火车站都设有分店。

白金汉宫 ◇◇◇◇◇◇◇◇◇◇◇◇◇◇◇◇◇◇◇◇◇◇◇◇◇◇◇◇◇◇◇

　　白金汉宫（Buckingham Palace）坐落于伦敦威斯敏斯特城内，集办公与居住功能于一体。宫殿内有典礼厅、音乐厅、宴会厅、画廊等600余间厅室，各个房间装饰华丽，充满了王家的高贵气质，是英国王室的活动中心。宫殿内还有一片御花园，园内有湖泊、草地、小径和各种花草树木等，很漂亮。白金汉宫由白金汉和诺曼底公爵约翰·谢菲尔德在1703～1705年兴建，其建设一直持续到了20世纪初，但浓郁的王家气息从未改变。

适合孩子年龄：4～12岁
游玩重点：参观富丽堂皇的宫殿、观看皇家卫队换岗

亲子旅行资讯

- Buckingham Palace, London
- 乘坐地铁皮卡迪利线（Piccadilly Line）或维多利亚线（Victoria Line）在Green Park站下车可到；乘坐11、211、C1等路公交在Buckingham Palace Road下可到
- www.royalcollection.org.uk
- 白金汉宫国事厅（包括中文普通话版录音导游）成人21.5英镑，5～17岁青少年12.3英镑，5岁以下儿童免费
- 白金汉宫每年只有短暂的一段时间对外开放，每年的开放时间不太一致，但集中在7～9月

潮爸辣妈提示

　　在白金汉宫参观，不可错过的是王家卫队换岗。每年4～7月，白金汉宫的王家卫队都会于11:30～12:00举行换岗仪式，其他月份每隔两天于11:30举行一次。

大英博物馆

大英博物馆（The British Museum）位于伦敦市中心，成立于1753年，收藏了世界各地的文物和珍品，是世界四大博物馆之一。埃及文物馆是其中最大的陈列馆，有7万多件古埃及各类文物，展现了古埃及的文明成就；希腊和罗马文物馆、东方文物馆的大量文物反映了古希腊罗马、古代中国的灿烂文化。这些区域是博物馆最主要的展区，也是最值得带着孩子参观学习的地方。博物馆一直在公共服务上不断努力，对于参观的孩子也有很多服务。

亲子旅行资讯

✉ Great Russell Street, London
🚗 乘坐98 、N98路公交车在Montague Street站下
🌐 www.britishmuseum.org
💲 免费
🕙 10：00～17：30（周五10：00～20：30）
☎ 020-73238299

埃及文物馆

埃及文物馆是大英博物馆藏品价值最高的地方，收藏着很多古埃及极具历史价值的文物，包括博物馆的镇馆之宝"罗塞塔"碑，以及著名展品法老阿孟霍普特三世头像。

古希腊与古罗马馆

大英博物馆收藏了数量繁多的古希腊与古罗马的文物，11号到23号展厅都用来展览这些文物，比较著名的展品有古希腊帕特农神庙的埃尔金大理石雕塑和命运三女神雕像。

中国馆

大英博物馆的33号展厅是专门陈列中国文物的永久性展厅，是博物馆仅有的几个国别展厅之一。该馆收藏的中国文物囊括了中国整个艺术类别，中国历史上各个文化时期登峰造极的国宝在这里皆可见到，其中顾恺之的《女史箴图》的摹本就陈列在这里。

潮爸辣妈提示

大英博物馆的语音导游设备有中、英、韩、法、德、俄、日等语种，每台成人5英镑，13～18岁4.5英镑，12岁以下3.5英镑，租借时需要押身份证件。在博物馆的入口处可以领取免费材料。

英国自然历史博物馆

英国自然历史博物馆（Natural History Museum）位于伦敦市中心西南部，馆内大约藏有世界各地的7000万件标本，其中昆虫标本约有2800万件。这里除了有大家非常喜欢的恐龙馆外，还有地震体验、地球馆、昆虫馆、植物馆、鸟类馆等，非常适合带孩子去参观。此外，博物馆中还有很多生态科学和动物世界主题的互动式展台，可以带孩子去亲身感受一下未接触过的新事物。

适合孩子年龄：8～12岁
游玩重点：观看各种标本、参观恐龙馆、参加互动

亲子旅行资讯

✉ Cromwell Road,kensington,London

🚍 乘坐地铁环线（Circle Line）、区线（District Line）、皮卡迪利线（Piccadilly Line）在南肯辛顿站（South Kensington）下，或乘345路巴士到南肯辛顿地铁站（South Kensington Underground Station）下即到

🌐 www.nhm.ac.uk

💰 免费

🕙 10:00 ~ 17:50

☎ 020-79425000

潮爸辣妈提示

自然历史博物馆1层右翼各陈列厅展示有众多古生物化石标本，包括各种恐龙化石；左翼各陈列厅展出现代动物，包括海洋无颈椎动物、鱼类、鸟类及爬行动物，其中以鸟类的陈列最有看头。2层左侧展出与哺乳动物有关的陈列，包括非洲热带草原动物和澳大利亚有袋动物；右侧陈列矿物、岩石、宝石、大理石并有专室陈列陨石。3层则主要陈列现代植物和化石植物。

英国科学博物馆

英国科学博物馆（Science Museum）是英国国立科学与工业博物馆（National Museum of Science and Industry）的一部分，是一座集自然科学、科学技术等为一体的综合性博物馆，展现了自工业革命以来英国取得的科技成就。各陈列馆分不同的主题进行展览，其中动力机械厅陈列的古老的风车、水轮机及蒸汽机，电力展厅展示的人工闪电灯等都深得孩子们的喜欢。博物馆里还开设有专门的儿童展馆，是孩子们同科学亲密接触的乐园。

适合孩子年龄：6～12岁
游玩重点：观看蒸汽机等老工业设备、去儿童展览馆

亲子旅行资讯

✉ Exhibition Road, South Kensington, London

🚌 地铁环线（Circle Line）、区线（District Line）、皮卡迪利线（Piccadilly Line）在南肯辛顿站（South Kensington）下；乘坐14、49、70、74、345等路巴士在南肯辛顿地铁站（South Kensington Underground Station）下即可

🌐 www.sciencemuseum.org.uk

💲 免费

🕐 10:00～18:00

☎ 020-79425000

海德公园

海德公园（Hyde Park）与白金汉宫仅一墙相隔，已有近千年的历史。它是伦敦的著名公园，也是伦敦最大的公园。公园里有著名的皇家驿道，还有著名的"演讲者之角"，经常有人在此进行即兴演讲，夏季还有"无座音乐会"等。不管你什么时候来，这里都不会让你失望，因为这里的看点足以让你游玩得很尽兴，比如在公园东北角有一个大理石凯旋门；东南角有威灵顿拱门，公园内还建有喷泉和雕塑；南端有海德公园骑兵营，清晨还能够看到驯马活动。

亲子旅行资讯

✉ Hyde Park, London
🚗 乘坐地铁在Hyde Park Corner、Marble Arch或Lancaster Gate站下均可到
🌐 www.royalparks.org.uk
💲 免费
🕐 5:00～24:00
☎ 0300-0612114

潮爸辣妈提示

这一区域的景点非常集中而且步行大都可达，可以一起参观。比如海德公园和肯辛顿公园仅有一路之隔，而且九曲湖实际上又把它们联系在一起，可以顺道参观肯辛顿公园。这里经常举行一种叫"无座音乐会"的活动，场地里没有座位，听众们可以一边散步一边聆听乐队的演奏，另外还有一些其他活动，具体信息可参见官网。

福尔摩斯博物馆

　　福尔摩斯博物馆（Sherlock Holmes Museum）成立于1990年，馆内的布置摆设都依据小说中的相关情节，非常逼真，让人如同置身于小说的场景之中，是福尔摩斯迷不可错过的地方。博物馆最重要的一层是福尔摩斯和华生医生合用的书房，还有福尔摩斯的卧室。书房中陈列有许多福尔摩斯的道具，如猎鹿帽、烟斗、放大镜、煤气灯等。博物馆三楼则呈现小说中不同的知名场景。此外，博物馆里还陈列着一些小说中著名人物的蜡像。

适合孩子年龄：8～12岁
游玩重点：参观书房和卧室、拍张纪念照

亲子旅行资讯

- 221b Baker Street, Marylebone, London
- 乘坐地铁贝克鲁线（Bakerloo Line）在贝克街站（Baker Street）下即可
- www.sherlock-holmes.co.uk
- 成人15英镑，儿童（16岁以下）10英镑
- 9:30～18:00
- 020-72243688

潮爸辣妈提示

　　在博物馆里，有身着维多利亚时代服装的工作人员非常热情地为来访者拍照。你可以坐在圆茶几旁，手握福尔摩斯的大烟斗，或头戴福尔摩斯的帽子，拍一张满意的照片。此外，这里还有许多有关福尔摩斯的纪念品出售。

伦敦塔桥

伦敦塔桥（Tower Bridge）是从伦敦泰晤士河口算起的第一座铁桥，因位于伦敦塔附近而得名，有着"伦敦正门"之称。伦敦塔桥最大的特点是桥下面有两块活动桥面，可以自动打开，其重量达1000多吨。当泰晤士河上有万吨巨轮通过时，下层桥面会向上折起。桥塔内设楼梯供游客上下，登塔远眺能够尽情俯瞰泰晤士河美景。雾锁塔桥是伦敦胜景之一，不可错过。

亲子旅行资讯

📧 Tower Bridge Road, London

🚃 乘坐地铁环线（Circle Line）、区线（District Line）在Tower Hill站下步行可到

🌐 www.towerbridge.org.uk

💷 登塔桥成人9英镑，5～15岁儿童3.9英镑，5岁以下儿童免费

🕙 10:00～17:30（4～9月），9:30～17:00（10月至次年3月）

☎ 020-74033761

潮爸辣妈提示

伦敦塔桥的开启时间不固定，但是均事先规定好，在官网上可以查到，如果想看大桥开启可提前到网上查阅。

格林尼治公园

　　格林尼治公园（Greenwich Park）坐落于伦敦泰晤士河南岸，是一个包含皇家天文台、国家海事博物馆、格林尼治码头等在内的大片区域。整个公园占地面积广阔，是伦敦最古老的皇家公园之一。格林尼治皇家天文台（Royal Observatory Greenwich）由英国国王查理二世于1675年建立，坐落于该公园内的一座小山上，因为本初子午线而闻名遐迩。国家海事博物馆以各种有趣的互动方式与参观者沟通，可以带着孩子亲自体验掌舵出海的乐趣，或是欣赏众多与海洋航海相关的艺术珍品。

适合孩子年龄：8~12岁
游玩重点：皇家天文台、国家航海博物馆

亲子旅行资讯

- ✉ Greenwich Park Greenwich, London
- 🚌 乘坐Lewisham、Stratford等线轻轨在Cutty Sark站或Greenwich下；乘坐轮船在Greenwich码头站下即可
- 🌐 www.royalparks.org.uk/parks/greenwich-park
- 💰 公园免费，部分区域收费
- ⏰ 6:00 ~ 19:00

伦敦其他景点推荐

中文名称	英文名称	地址	网址
威斯敏斯特宫	Palace of Westminster	Westminster, London	—
威斯敏斯特大教堂	Westminster Abbey	20 Deans Yd, London	www.westminster-abbey.org
伦敦塔	Tower of London	St.Katharine's & Wapping, London	www.hrp.org.uk
圣保罗大教堂	St.Paul's Cathedral	St. Paul's Churchyard, London	www.stpauls.co.uk
泰特英国美术馆	Tate Britain	Millbank ,Westminster, London	www.tate.org.uk
肯辛顿宫	Kensington Palace	Kensington Gardens, London	www.hrp.org.uk/Kensingtonpalace
特拉法加广场	Trafalgar Square	Trafalgar Square, London	—
唐宁街10号	10 Downing Street	10 Downing Street, London	www.number10.gov.uk
摄政公园	The Regent's Park	Chester Road,London	www.royalparks.org.uk/s_park
九又四分之三站台	Platform 9 3/4	King's Cross Railway Station, London	—
国家肖像画廊	National Portrait Gallery	St.Martin's Place, London	www.npg.org.uk

带孩子游英国

跟孩子吃什么

伦敦作为国际化的大都市，有着非常多的美味佳肴，是世界闻名的饮食之都。这里有很多想象力丰富的厨师，他们把传统的英国食材与从世界各地传来的烹调技术相结合，进行创造性地加工，烹制出独具特色的"现代英式"美食。伦敦是饕餮一族不可错过的一站，不管是丰盛的英式早餐，还是闻名遐迩的英式下午茶；不管是美味的烤牛排，还是可口的多佛尔鲽鱼，都是你和孩子不可错过的美食。赶快来伦敦享受属于你们的饕餮盛宴吧。

伦敦的特色美食

伦敦可以说是英国美食的汇集地，在这里能够和孩子品尝到来自英国各地的美食。作为一个国际性大都市，伦敦还有着众多世界各地的美食，中餐馆也非常好找。索霍区为伦敦的美食中心，烤牛排、鳗鱼冻、炸鱼薯条等当地特色美食可轻易在这里找到。

● 烤牛排

烤牛排被公认为英国菜中的代表作，是将大块带油的生牛肉放入烤箱中烤制而成。客人在点这道菜时既可以要求生一些也可以要求熟一些。

● 英式早餐

英式早餐首先是橙汁加上玉米片，浇上牛奶和砂糖饮用。然后是咸肉、香肠、煎鸡蛋、煎蘑菇或西红柿等主菜及烤面包。最后再喝点咖啡或红茶，也有人喝英国传统的奶茶。

● 英国下午茶

英国下午茶举世闻名，一般耗时至少一小时。伦敦人喝下午茶并非随意地吃些点心，一般会选择三明治、奶油松饼、小蛋糕等。上至酒店，下至路边小餐馆都能够喝到下午茶。

● 鳗鱼冻

鳗鱼冻是18世纪兴起的小吃，流行于东伦敦地区。因为当时泰晤士河盛产鳗鱼，于是这道食物也成了那个年代经济不富裕的人们的主食之一，现在经过改良则成了英国特色美食。

孩子最喜欢的餐厅

　　伦敦的餐厅种类多样，从街头餐馆到高档餐厅应有尽有，这些餐馆不管大小，都普遍干净整洁、服务周到，可以带着孩子放心就餐。伦敦的餐厅一般都是"主题明确"，你可以根据自己和孩子的喜好选择。在伦敦的中餐馆非常多，吃不惯外国菜，可以去这里。此外，英国的快餐店遍布各地，也非常便宜。伦敦餐厅就餐要注意保持安静。

● Sketch

　　这家餐厅是伦敦最热门的餐厅之一，餐厅内有精美的艺术画、水晶吊灯装饰，极具艺术气息，是带孩子享受英国顶级饮食氛围的好去处。餐厅的点心展示柜很漂亮，小巧的点心精心排列着，孩子可以一边欣赏一边选择自己喜欢的点心。

■ 地址：9 Conduit Street,Mayfair, London
■ 交通：乘坐地铁在贝克鲁线（Bakerloo Line）、中央线（Central Line）、维多利亚线（Victoria Line）在牛津街站（Oxford Circus）下即可
■ 网址：www.sketch.uk.com
■ 电话：020-76594500

● 皇朝

　　皇朝（Royal China）可以说是伦敦中餐馆中最出名的一家，有好几家分店。位于 Queensway的这家店菜品味道和用餐环境都不错。作为粤式餐厅，这里除了提供美味地道的早茶和点心外，各种正餐食品也不容错过。主食三鲜炒面和福建炒饭都不错，凤爪也是许多食客的最爱，也很受孩子们的欢迎。不过这家店在周末的时候人会非常多，最好提前去。

■ 地址：13 Queensway, London
■ 交通：乘坐地铁在Queensway站下可到

● The Stockpot

　　这是一家物美价廉的"混合式"餐厅，在伦敦非常有名，建议尝尝意大利面、俄式炒牛肉丝和肉排。

■ 地址：273 King's Rd.,Chelsea, London
■ 交通：乘坐11、22等路公交车到Old Church Street Kings Road站下可到
■ 网址：www.stockpotchelsea.co.uk
■ 电话：020-78233175

● 天府布衣

　　天府布衣（Tianfu Chinese Restaurant）是伦敦非常受欢迎的中餐厅，同时兼营火锅。这家餐厅交通便利，环境舒适而幽静，食物的性价比都很高。如果冬天来伦敦，在天府布衣来一顿热腾腾的火锅是不错的选择。

■ 地址：39 Bulwer Street,White City, London
■ 交通：乘坐地铁在Shepherd's Bush Market站下可到
■ 电话：020-87404546

和孩子住哪里

作为国际化大都市和著名的旅游胜地，伦敦的住宿选择有很多，从廉价酒店、B&B旅馆、家庭旅馆、连锁酒店到高级酒店应有尽有。相较而言，伦敦的酒店住宿非常贵，当然服务和环境也相应好。想省钱的话，一般三星级左右的酒店即可。想要找更便宜的住处，可以选择到处都有的家庭旅馆，这种旅馆每晚收费十几到三十英镑。在旅游旺季或大型体育比赛日，伦敦的住宿比较紧张，最好提前预订住处。

● 萨博恩伦敦酒店

萨博恩伦敦酒店（Sunborn London）是一家超级游艇酒店，酒店的阳光甲板是最吸引孩子的地方。酒店有多种房间可供选择，沙发床上还可以留宿额外的儿童或者成人，不过添加婴儿床需获得酒店的确认。

■ 地址：Royal Victoria Dock, Western Gateway, London
■ 交通：乘坐Docklands Light Railway在Custom House站下
■ 网址：www.sunbornhotels.com/london

● 皇家骑兵卫队酒店

皇家骑兵卫队酒店（The Royal Horseguards）坐落在泰晤士河以及特拉法加广场之间，地理位置极其优越。该酒店距离伦敦眼非常近，适合带孩子就近休息。酒店卧室提供维多利亚时代典雅装饰和现代化的设施。该酒店还提供婴儿和儿童看护服务。

■ 地址：2 Whitehall Court, London
■ 交通：乘坐地铁在Embankment站或Charing Cross站下
■ 电话：0800-3308090

伦敦其他住宿推荐

中文名称	英文名称	地址	网址	电话	费用
皇家花园酒店	Royal Garden Hotel	2-24 Kensington High Street, Kensington, London	www.royalgardenhotel.co.uk	020-79378000	约130英镑起
格伦代尔海德公园酒店	Glendale Hyde Park Hotel	8 Devonshire Terrace, London	www.glendale-hyde-park-hotel.co.uk	020-77064441	约125英镑起
中央公园酒店	Central Park Hotel	49-67 Queensborough Terrace, London	www.centralparklondon.co.uk	020-72292424	约88英镑起

给孩子买什么

伦敦是著名的商业城市，各种各样的购物地云集于此，众多的购物中心、专卖店、折扣店、免税店等都有很多父母和孩子喜欢的东西出售。英国的玩具全球闻名，来到伦敦，挑一款孩子喜欢的玩具必不可少。英国的童装居于世界顶级水平，给孩子们添几件新衣服会让他们乐不可支。更有来自世界各地各个品牌、各个风格的商品齐聚伦敦，父母可以狂购一番。伦敦的大规模打折季节一般在每年6～7月和12月至次年1月圣诞节之后，如果此时到达，狂购更必不可少。

孩子们的购物乐园

英国的玩具对孩子的吸引力那是毋庸置疑的。在英国售卖玩具的商店几乎随处可见，迪士尼玩具、泰迪熊、天线宝宝、彼得兔等都是英国众多玩具中的精品。对于孩子们来说，哈姆雷斯玩具店绝对是他们玩耍和购物的天堂，7层大楼里各种玩具非常齐全，源于英国动画的天线宝宝和彼得兔均可在这里找到。泰迪熊（Teddy Bear）或许是英国毛绒玩具中最知名的了，近年来一些泰迪熊甚至变成了昂贵的收藏

品，在伦敦的牛津街、摄政王街都可以买到品质很好的泰迪熊。

不可错过的购物地

伦敦的购物地可谓多种多样，从集聚了世界顶级商店的购物街，到全球闻名的连锁商场，再到物品多种多样的二手市场、跳蚤市场应有尽有。牛津街和邦德街是伦敦十分著名的购物街，这里商品齐全，能够找到许多世界级品牌店，在这里购物是个不错的选择。

● 牛津街

牛津街（Oxford Street）是伦敦最著名的购物街之一，这条不到2000米的街道上云集了超过300家的大型商场，包括众多著名百货公司及特色店铺，如塞尔福里奇百货公司（Selfridges）、约翰刘易斯百货公司（John Lewis）、玛莎百货（Marks &

Spencer）等。如果你想带孩子购物又不愿到处跑的话，来这里再好不过了，各种商品非常齐全。

- ■ 地址：Oxford Street, London
- ■ 交通：乘坐地铁贝鲁特线（Bakerloo Line）、中央线（Central Line）、维多利亚线（Victoria Line）在牛津街站（Oxford Circus）下即到

● 哈姆雷斯玩具店

哈姆雷斯玩具店（Hamleys Toy Shop）是一个让人感受到童趣与纯真的地方，在里面购物充满了各种乐趣。这个店有200多年的历史，占地约5000平方米，是世界上最大的玩具店。这里不仅是小孩的乐园，还是童心未泯的大人们的天堂。

- ■ 地址：188-196 Regent Street, London
- ■ 交通：乘地铁贝鲁特线（BakerlooL- ine）等在牛津街站（Oxford Circus）下即到
- ■ 网址：www.hamleys.com

● 哈罗兹百货

哈罗兹百货（Harrods）是伦敦最知名的百货商场之一。这家古老百货公司建于1834年，设计充满了埃及艺术特色。哈罗兹百货大约有330多个品牌，在这里，顾客的订货要求不管有多么古怪，哈罗兹都能有求必应，可以为孩子订购一个他们自己喜欢的玩意。

- ■ 地址：87-135 Brompton Road, Knig-htsbridge, London
- ■ 交通：乘地铁皮卡迪利线（Piccadilly Line）在骑士长廊购物中心站（Knightsbridge）站下即可
- ■ 网址：www.harrods.com

● 波特贝罗路跳蚤市场

　　波特贝罗路跳蚤市场（Portobello Road Market）是伦敦最有名的露天市集之一，地处诺丁山区域，实际上由3个不同的市场组成，只有在每周六这3个市场才全部开放。波特贝罗路南端的古董市场距离地铁站最近，不过古董市场仅在周六开放，大约上百个摊位上出售来自世界各地的古董，有不少有意思的小玩意。

■ **地址**：Portobello Road, London
■ **交通**：乘坐地铁至Camden Town或Chalk Farm站下即可
■ **网址**：www.portobelloroad.co.uk

伦敦其他购物地信息				
名称	特色	地址	电话	开放时间
丁丁商店（The Tin Tin Shop）	丁丁历险记的主题商店，有很多关于丁丁的纪念品，适合带着孩子逛一逛	34 Floral St., London	020-78361131	周一至周六10:30~15:30,周日12:00~16:00
M&M豆世界（M&M's World）	卖各式各样的巧克力豆、巧克力、糖果，还有各种M豆牌的如服装、杯子、玩具等	Leicester Square, 1 Swiss Court, London	020-70257171	周一至周六10:00~24:00,周日12:00~18:00
博罗市场（Borough Market）	这是一个批发食品零售市场，除了英国当地的特色美食，还有多种国际美食可供人们选择	8 Southwark Street, London	020-74071002	周四、周五、周六开放
邦德街（Bond Street）	有不少高档服饰及顶级珠宝的专卖店，自然也提供专业体贴的导购服务	Bond Street, London	—	一般店铺在10:00~19:00营业

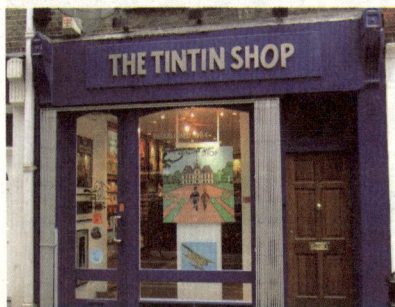

在伦敦的出行

伦敦的市内交通非常发达，地铁、巴士、出租车都是非常方便。伦敦有着英国最为密集的地铁系统，覆盖了整个城区和郊区，出行十分方便。伦敦的旅游巴士既是非常方便的交通工具，也是有名的"街头景色"。如果想畅游泰晤士河沿岸，游船是个不错的选择，在市中心的泰晤士河两岸，有众多码头，游客可以随时乘坐。

地铁

伦敦拥有世界上最古老的地铁系统，现在共14条线。地铁站的标志为很醒目的红色圆环加蓝底白字Underground，运营时间从5:30一直到午夜，但是周日地铁运行的时间会比较晚。具体信息可查询官网www.tfl.gov.uk或留意站台上的信息栏。

伦敦地铁分为9个区，是按离市中心的远近程度划分的。白色为1区，绿色为2区，明黄色为3区，橘色为4区，紫罗兰色为5区，粉色为6区。第1、2区为市中心，大多数的旅游景点都集中在这两个区。

伦敦地铁采用分区计价，如1区only、1~2区、1~3区以此类推，往往包括1区的地铁票是最贵的。车票可在地铁站的自动售票机或售票窗口购买。地铁票有单程票、日票、周票、周末使用票、月票、年票，所购票的使用期限越长，就越便宜。

对于旅行者来说，最方便也最实惠的选择是购买伦敦Oyster卡。Oyster卡跟国内的公交一卡通一样，各种交通工具通用。在地铁站购买，押金5英镑，可以充值，充值的费用不会过期。当旅途结束时，可以退掉Oyster卡，即可拿回卡内剩余金额。Oyster卡的起步价为2.4英镑，且每日根据不同区段会有封顶票价，较现金买票来说可以省去较大支出，无疑是出行的最佳助手。

需注意的是，伦敦地铁内没有广播，需要自己确认是否到站。有的车辆非自动门，需乘客自己按标有"Push to Open"字样的按钮开门。在出站时，按照写有黄字"出口"（Way out）的标志即可到检票口，从此出站即可。

巴士

相较地铁而言，伦敦的巴士比较便宜。使用Oyster卡不分区1.5英镑，日最高费用4.4英镑，不使用Oyster卡需要2.4英镑。乘车必须持有Oyster卡、旅游卡、公交卡票、公交通行票中的任意一种，如果没有，可以在车站的售票机购买单程票，但是售票机不找零钱。上车后不可使用现金购票。

伦敦巴士前后门都可以上下车，有售票员负责售票和查票。要注意，车上没有广播服务，在乘车时注意听售票员报站；乘坐巴士需要举手示意，下车需按钮提示司机。另外，车站的电子屏幕上可以看到下一辆车的位置和预计到站时间。

伦敦有一种红色的双层观光巴士，其第二层是露天的，非常适合城市观光。这种巴士只能前门上、后门下，而且下层只允许站立20人，上层则不能站立。其中15路观光巴士途经伦敦塔、圣保罗教堂、查理十字街、特拉法加广场、皮卡地利广场（Piccadilly Circus）、摄政街等重要景点，可选择乘坐。

出租车

伦敦出租车主要分为黑色出租车（Black Cab）和迷你出租车（Mini Cab）两种，黑色出租车车顶上的灯及助手席旁的"For Hire"灯均亮着，那么就说明此车正待客，这种车招手即停，也可以在指定的出租车站乘坐。迷你出租车比黑色出租车稍便宜一些，但需要预订，编辑短信"HOME"发送到60835，就会收到3个已经获得执照的当地出租车公司的电话号码，在网站（www.tfl.gov.uk）上也可以查询。关于乘坐出租车的费用可以在网站（www.taxiroute.co.uk）上，输入出发地和目的地之后，就能看到大致的路线、里程和估算的费用了。推荐Dial-A-Cab出租车公司，预订电话为020-72535000，网址为www.dialacab.co.uk。

交通船

Thames Clippers是行驶在泰晤士河上的交通船，途经伦敦眼、威斯敏斯特、伦敦塔桥、格林威治等著名景点，是一种既经济又方便的游河选择。

泰晤士河交通船信息		
行驶路线	运行时间	票价
威斯敏斯特码头→议会大厦→市政厅→伦敦眼→滑铁卢码头→皇家音乐厅→圣保罗大教堂→伦敦塔码头→港口区→金融区→格林威治码头	首班船在10:00～10:50，末班船在15:45～18:10；开往格林威治的游船结束时间比较早；全程约2.5个小时	非Oyster卡票价6英镑，使用Oyster卡票价5.4英镑

如何在伦敦跟团游

带孩子出行的游客一般都会选择跟团游，如果已经在国内的组团社报了团，就应当知道英国当地的地接社是否有接机服务、是否需要游客自己到地接社等一系列问题。如果没有在国内报团，就需要到了伦敦之后，在当地报团，伦敦有很多华裔开的旅行社，这些旅行社既能作为地接社组团，又能作为组团社组团，父母一定要对比三家，寻找方便、可靠的旅行团出行。

在伦敦怎样报团

报团涉及在国内还是到了英国再报团这两种主要方式。在本书PART1的出游方式里面，已经介绍了在国内报团的方式和注意事项，可参考P073。这里详细介绍了在伦敦如何报旅行社，还有报团应当先了解可靠旅行社或选择值得信赖的旅行社。

● 伦敦的旅行社

英国知名的旅行社很多，尤其是伦敦这样的大城市。有些当地的华人旅行社在我国国内设有办事处，游客可以先在国内咨询。建议父母不要盲目地报团，应先到多家了解。选择值得信赖又适合自己的旅行社报团游玩，另外也要根据自己的行程和孩子的需要来选择。

伦敦知名的华人旅行社					
中文名称	英文名称	网址	电话	地址	简介
欧美嘉国际旅行网	Omega travel group	www.omegatravel.net	020–74397788	53 Charing Cross Road, London（伦敦分部）	英国华人旅行社中的顶尖者，提供百分百出团服务。精心策划众多英国游项目，很多是华人赴英国旅游的首选线路
欧亚旅行社	Jade Travel	www.jadetravel.co.uk	020–77347726	5 Newport Place, London	提供各种各样的服务包括飞机票、旅馆预订等，旅行社还提供独立旅游游览服务

● 报旅行团的步骤

上面这些旅行社都提供中文服务，所以游客到了英国不必担心语言障碍等问题。接下来就是要签订旅游合同，看旅游行程，确定旅游行程中所含的内容，有不明白的一定要问清楚。

1.首先要到旅行社选择好自己的旅游线路；

2.把不明白的问题一定要问清楚；

3.签订合同，合同格式和内容一定要看清楚；

4.保险有很多种，问清楚旅行社给你买的是哪些保险，如果没有保险单必须要在合同上写清楚；

5.确认出发时间和地点；

6.留下自己的电话和旅行社的电话，必须保持畅通，最好多留几个电话，要求旅行社有提前通知出团时间；

7.出发的时候可以在网上搜索一下所前往目的地的注意事项、民俗民情、地理风貌等相关信息。

伦敦知名的地接社

对于带孩子境外游的游客来说，初到一个陌生的城市，肯定不方便，如果当地有专门的地接社为自己提供服务，对于父母来说肯定是很有必要的。这样既节省了时间又非常方便，下面简单介绍两家伦敦当地的地接社，供游客参考。需要注意的是，绝大多数大的旅行社都有地接服务，比如上文介绍欧美嘉国际旅行网这里就不再重复介绍。

伦敦知名华人地接社					
中文名称	英文名称	网址	电话	地址	简介
中国假日旅社	China Holidays Group	www.chinaholidays.co.uh	020–74872999	Glentworth Street, Marylebone, London	曾赢得"欧洲欢迎中国游客奖"，是公认的在英国最具实力、服务水准最高的旅行社之一，拥有庞大的地接车队
王潮集团	Wang Dynasty	www.wanguk.com	0161–2287280（24小时热线）	16 Newport Place, London（伦敦分部）	成立于曼彻斯特，在伦敦开设有分部，在中国北京、上海、广州等地有网点。还提供酒店、票务、餐饮、翻译等一体化服务

三个圈圈儿
温莎之旅

在伦敦玩一圈下来，很多有余力的父母都想带着孩子到周边转转，那么就去伦敦旁边著名的温莎（Windsor）小镇一游吧。温莎小镇位于泰晤士河的南部，因这里坐落着温莎城堡而享誉世界。这是一座典型的英国小镇，随处可见英式风格的屋舍，大街小巷中常年被四处而来的游客挤满。由于该小镇和英国王室千丝万缕的关系，所以流传着许多有趣的故事，也使得这里充满了浓郁的皇家气息。

从伦敦到温莎可在伦敦Victoria长途汽车站乘702巴士直达，也可以在滑铁卢火车站乘坐到温莎的火车。

温莎城堡

温莎城堡位于温莎小镇中，至今仍是英国王室的行宫之一，也是现今世界上有人居住的城堡中最大、最古老的一个。这座宏伟的城堡很受英国女王伊丽莎白二世的喜爱，她每年都有很多时间选择在温莎城堡度过。在英国王室中，查尔斯王子也非常喜欢温莎城堡。

作为一座历史悠久的王室城堡，温莎城堡内收藏着数不清的珍宝，每个房间都堪称一座小型的艺术展室。这座城堡还见证了英国历史上的诸多大事，留下了许多广为流传的传说，最为人熟知的就是温莎公爵不爱江山爱美人的故事。

温莎城堡有免费的导游团队游，这种方便的游览方式每半小时有一次；城堡的开放时间为3～10月9:45～16:00，11月至次年2月9:45～15:00，卫兵换岗仪式在每周一至周六11:00举行；电话是020－77667304，网址是www.windsor.gov.uk。你还可以去皇家温莎信息

中心（Royal Windsor Information Centre）了解一些更多更新信息，也可以在那里购买公共汽车票和温莎景点门票，还可以预订住宿地。皇家温莎信息中心地址是The Old Booking Hall, Windsor Royal Shopping Thames Street；电话是01753-743900，网址是www.windsor.gov.uk；开放时间为周一至周六10:00～17:00，周日10:00～16:00。

温莎乐高主题公园

温莎乐高主题公园成立于1996年，是继丹麦以外的世界上第2个乐高主题。据说乐高的英文名称"Lego"来源于丹麦语中的"Leggodt"，意思是Play Well，也就是玩得好、玩得开心的意思。乐高主题公园的设计主要针对3～12岁的儿童，到了温莎，怎么能不带孩子前来畅玩一番呢？

乐高主题公园最鲜明的特色就是"乐高积木"，积木搭建的各种"建筑"颇受孩子们的欢迎。温莎乐高主题公园中有用约4亿个乐高积木所砌成的英国名胜微缩景区，其中历时3年用2000万块乐高建成的伦敦迷你城（Miniland）让人叹为观止，里面的圣保罗大教堂、伦敦塔、大本钟等都栩栩如生。

乐园中还有各种各样的游乐设施，如云霄飞车、自由落体、飞行器等。此外，园内的现场表演每天有不同节目，从最简单的童话故事

到马术团表演应有尽有，孩子们可以边玩边学。"乐高积木"组建模型活动，更能激发孩子们的想象力。

伊顿公学

伊顿公学与温莎城堡隔泰晤士河遥遥相望，是英国最著名的贵族中学，在全球也是赫赫有名。这座历史悠久的中学由亨利六世于1440年创办，历来是英国王室、政界经济界精英的培训之地。至今为止，这所中学培养出了20位英国首相，也培养出了诗人雪莱、经济学家凯恩斯，演员汤姆·希德勒斯顿、埃迪·雷德梅恩等名人，现在英国王位第二号继承人——剑桥公爵威廉王子和哈里王子也毕业于伊顿公学。

尽管声名显赫，伊顿公学却朴素得让人称奇。这所顶尖的贵族中学甚至没有校门，也没有出彩的美景，路也只有沙砾铺就的粗糙地面。不过在中学内，依然处处弥漫着浓郁的贵族气息。

对孩子优惠的景点			
景点名称	孩子玩点	优惠信息	地址
杜莎夫人蜡像馆	观看各种惟妙惟肖的蜡像	成人34英镑，4～15岁儿童29.5英镑，4岁以下儿童免费	Marylebone Road, Marylebone, London
大英博物馆	观看艺术品，参加博物馆专门为儿童准备的活动	免费	Great Russell Street, London
威斯敏斯特宫	参观宫殿、看著名的大本钟	成人18.5英镑，儿童7.5英镑（一个成人票可免费带一名儿童）	Westminster London
海德公园	观看骑兵营和喷泉，还可进行野餐	免费	Hyde Park, London
英国国家美术馆	参观艺术品、漫步特拉法加广场	免费	Trafalgar Square, London
英国自然历史博物馆	观看各种动植物标本，参观恐龙馆，参加互动	免费	Cromwell Road,Kensington, London
英国科学博物馆	观看蒸汽机等老工业设备、去儿童展览馆	免费	Exhibition Road, South Kensington, London
福尔摩斯博物馆	观看福尔摩斯探案人物蜡像，以及福尔摩斯和华生医生用品	成人15英镑，儿童（16岁以下）10英镑	221b Baker Street,Marylebone, London
哈利波特片厂	走近哈利·波特电影中很多重要场景、了解电影特效制作	成人33英镑，5～15岁儿童25.5英镑，4岁以下儿童免费	Warner Bros. Studio Tour London, Studio Tour Drive, Leavesden
皇家骑兵卫队阅兵场	观看皇家卫队换岗	免费	The Household Division, Horse Guards,London

畅游世界，在旅行中成长

带孩子游英国

PART3

带孩子游
爱丁堡

113 ▶ 135

　　爱丁堡是苏格兰的首府，也是英国著名的文化古城。作为英国仅次于伦敦的第二大旅游城市，爱丁堡的魅力绝对令人倾倒。爱丁堡的旧城和新城一起被联合国教科文组织列为世界遗产，这里有许多保存完好的历史建筑，如爱丁堡城堡、荷里路德宫、圣吉尔斯大教堂等。在这个素有"北方雅典"美誉的古城，还有热闹的爱丁堡国际艺术节，如果能在此期间到达爱丁堡，你能真切地体会到自由洒脱的苏格兰风情。

带孩子怎么去

中国到爱丁堡的航班

目前我国还没有直飞爱丁堡的航班，但有很多一程中转航班可供选择，中转地一般是伦敦，也可选择法兰克福等。飞行时间快的话大约13个小时。游客可以参考下面的信息选择航班。表格中的出发时间是以北京时间为准，到达时间是爱丁堡当地时间。北京时间比爱丁堡早8小时（标准时差），当爱丁堡实行夏令时期间，早7小时。

从中国到爱丁堡，承运的国内航空公司主要是中国国际航空公司，但航班非常少，不建议乘坐。提供中国到爱丁堡的国外航空公司比较多，如英国航空、汉莎航空、荷兰皇家航空等，其中英国航空的班次是最多的。由于航班信息可能会有调整，请以官方为准，这里仅供参考。

中国到爱丁堡国际机场的航班资讯						
承运公司	航班号	班次	路线	出发时间	到达时间	实际北京时间
英国航空	BA038、BA1452	夏令时期间除周六外每天均有	北京→伦敦→爱丁堡	11:15	夏令时17:50	次日凌晨0:50
	BA038、BA1454	基本每天均有	北京→伦敦→爱丁堡	11:15	夏令时18:50	次日凌晨1:50
				12:10	冬令时18:55	次日凌晨2:55
	BA038、BA1458	基本每天均有	北京→伦敦→爱丁堡	11:15	夏令时18:55	次日凌晨2:55
				12:10	冬令时19:55	次日凌晨3:55
汉莎航空	LH721、LH964	夏令时时基本每天都有；冬令时时除周五、六外基本每天均有	北京→法兰克福→爱丁堡	10:30	夏令时17:05	次日凌晨1:00
				11:30	冬令时17:00	次日凌晨1:00

承运公司	航班号	班次	路线	出发时间	到达时间	实际北京时间
荷兰皇家航空	KL896 KL1293	每天均有	上海→阿姆斯特丹→爱丁堡	12:15	夏令时 21:35	次日4:35
				12:35	冬令时 22:05	次日6:05

从机场到爱丁堡市

    爱丁堡机场（Edinburgh Airport）位于爱丁堡以西约12千米处，是苏格兰最繁忙的机场之一，有往返于英国其他地区、欧洲主要城市和度假胜地的航班，也有少数飞往北美洲主要城市的普通航班和廉价航班。英国航空、法国航空、汉莎航空等著名航空公司运行许多爱丁堡航线，中国的南方航空等也提供爱丁堡的中转航班。爱丁堡机场电话0844－4488833，网址www.edinburghairport.com。

爱丁堡国际机场至爱丁堡市的交通			
交通方式	英文	介绍	时间/票价
机场巴士	Airport Bus	可乘坐Airlink 100到达靠近爱丁堡火车站的威弗利大桥，途中会停靠在爱丁堡干草市火车站、爱丁堡动物园等地。可在机场出口的公交站牌处乘坐，车票在机场Information Desk购买，或者上车后在司机处购买	单程4英镑，往返7英镑，每10分钟一班，行驶时间约30分钟
夜间巴士	Night Bus	N22路巴士往返于机场和市中心之间	运行时间为1:00～4:00，无限次乘坐价格为3英镑
出租车	Heathrow Connect	机场到达大厅外有出租车停靠，一般直接招手乘坐即可	开往市中心大约需要20英镑，行驶约20分钟

亲子行程百搭

市内百搭

爱丁堡市内百搭路线示意图

王子街路线

乘坐3、4、18等路公交车在Princes Street（Stop PZ）站下即可到王子街西端，至王子街花园之前可逛街约1小时

❶王子街 *1小时*
Princes Street

从王子街中段东行约5分钟即到王子街花园

❷王子街花园 *2小时*
Princes Street Garden

从王子街花园出来，沿着王子街走到North Bridge/A7路，转入南行即到。整个步行约10分钟

❸爱丁堡北桥 *0.5小时*
The North Bridge

从爱丁堡北桥出来，原路返回至王子街。沿着王子街和与之相连的Waterloo Pl/A1路东行至卡尔顿山。整个步行约11分钟

❹卡尔顿山 *1.5小时*
Calton Hill

皇家英里大道路线

乘坐23、27等路公交车在Castlehill站下即到爱丁堡城堡

❶爱丁堡城堡 *1.5小时*
Edinburgh Castle

沿皇家英里大道步行约5分钟即到

❷圣吉尔斯大教堂 *0.5小时*
St. Giles' Cathedral

从圣吉尔斯大教堂沿皇家英里大道继续前行即到儿童博物馆。步行约4分钟

❸儿童博物馆 *1小时*
Museum of Childhood

沿皇家英里大道东行约10分钟分钟即到苏格兰议会大楼，议会大楼对面就是女王御园

❹苏格兰议会大楼 *0.5小时*
Scottish Parliament Building

沿着皇家英里大道走至Abbey Strand路，沿之东行即到荷里路德宫。步行约3分钟

❺荷里路德宫 *2小时*
Palace of Holyrood House

周边百搭

爱丁堡周边百搭路线示意图

圣鲁德公园路线

乘坐6、60路公交车在Scottish Parliament 站下，沿Horse Wynd路南行至Queen's Dr.，转入东行即到圣鲁德公园（荷里路德公园）北侧小路入口。整个步行约8分钟

❶ 圣鲁德公园
`2.5 小时`

Holyrood Park

▽ 亚瑟王座位于公园的中间偏南位置，沿园内游览路线南行即可到

❷ 亚瑟王座
`1 小时`

Arthur's Seat

▽ 从亚瑟王座沿公园内先向东后向南的小路边玩边行至Old Church Ln路，转入东行，尼尔公园就在其南侧

❸ 尼尔花园
`1 小时`

Dr Neil's Garden

西部路线

乘坐21、23、41、49等路公交车在Before Chambers Street站下，南行约50米即到

❶ 苏格兰国家博物馆
`1.5 小时`

National Museum of Scotland

▽ 从苏格兰国家博物馆出来，沿Forrest 路南行，上与之相连的Middle Meadow Walk路继续南行即到爱丁堡大学，步行约5分钟；爱丁堡大学的南面是乔治广场，沿广场东侧的George Square 路南行即到爱丁堡大学另外一些学院。步行约3分钟

❷ 爱丁堡大学
`1.5 小时`

The University of Edinburgh

▽ 从爱丁堡大学出来George Square 路南行即到进入草坪的小路。步行约3分钟

❸ 草坪
`1 小时`

Meadows

亮点

① 皇家英里大道：快快乐乐逛大街
② 爱丁堡城堡：去城堡里的博物馆看武器，聆听各种传说
③ 王子街：在世界上最美的街道漫步
④ 苏格兰国家博物馆：参观五花八门的展品
⑤ 卡尔顿山：边野餐边赏夕阳美景

皇家英里大道

　　皇家英里大道（Royal Mile）位于爱丁堡老城中心，是爱丁堡最重要的街道，也是世界上最富吸引力的街道之一。大道始于爱丁堡城堡，终于荷里路德宫，可以分为4段，分别是城堡山（Castlehill）、劳恩市场（Lawnmarket）、高街（High Street）、修士门（Canongate）。大道上圆石铺成的地面早被磨得发亮，大道边的建筑古朴雄伟，充满历史气息。在这条大道上经常能看见身着苏格兰裙的街头艺人吹奏风笛的场景，很能吸引孩子们的目光。此外高街的儿童博物馆更是孩子们不可错过的玩乐天堂。

适合孩子年龄：4～12岁
游玩重点：观看街头艺术表演、参观儿童博物馆

亲子旅行资讯

✉ The Royal Mile, Edinburgh

儿童博物馆

　　儿童博物馆（Museum of Child-hood）位于皇家英里大道路的高街上，这座4层楼高的博物馆共有5个展览区，展出不同时期的儿童玩具、纪念品，及一些专门针对儿童的主题展览。带孩子来爱丁堡的话，一定不可错过来这里游玩的机会。

爱丁堡城堡

爱丁堡城堡（Edinburgh Castle）坐落在爱丁堡市内一座死火山的花岗岩顶上。这座天然的要塞是英国最古老的城堡之一，因曾长期隶属于苏格兰王室而保留着许多王室留下的珍品，如苏格兰王冠、命运之石等。此外，城堡里的苏格兰国家战争纪念馆中展示有各种武器，很吸引孩子的目光。每年爱丁堡艺术节期间，爱丁堡军乐表演都会在城堡前庭举行，那是城堡最热闹的时候。每到13:00，城堡还会鸣炮，可以带孩子前去一看。

适合孩子年龄：6～12岁
游玩重点：去博物馆看兵器和军装、观看鸣炮表演

亲子旅行资讯

- ✉ Castlehill,Edinburgh
- 🚌 乘坐23、27、35、41、46路巴士在George IV Bridge、Johnston Terrace 或Castlehill站下均可到
- 🌐 www.edinburghcastle.gov.uk
- 💰 成人16.5英镑，儿童（5～15岁）9.9英镑，5岁以下儿童免费
- 🕐 4～9月9:30～18:00，10月至次年3月9:30～17:00
- ☎ 0131-2259846

苏格兰国家战争博物馆

苏格兰国家战争博物馆（National War Museum of Scotland）以苏格兰历史上的战争及苏格兰军队为主题向世人介绍了苏格兰的历史。博物馆里的兵器室收藏了许多来自中世纪的兵器，最著名的是长达近2米的巨剑。军装陈列室里有中世纪各种华丽精致的军服，制作精良又很美观。

圣玛格丽特礼拜堂

圣玛格丽特礼拜堂（St. Margaret's Chapel）是爱丁堡现存的最古老的建筑。传说礼拜堂就是由圣玛格丽特的儿子大卫一世于12世纪初兴建献给她的。如今礼拜堂内部已恢复到其初次使用时的面貌，其彩色玻璃窗描绘的是马克姆三世的圣洁王后。

爱丁堡国际艺术节在每年的8月举行，每次城堡前都要举行著名的爱丁堡军乐表演。艺术节持续时间很长，有各种活动和表演会举办，热闹非凡，最好此时前往，建议购买官方发行的Historic Scotland Explorer Pass旅游景点通票，最低为3天29英镑，持通票可免费参观苏格兰文物局管理的78个景点，非常实惠。

王子街

王子街（Princes Street）有"全球景色最佳的马路"之称。这条街道长约500米，东连卡尔顿山，南有王子街花园，将爱丁堡分为新旧二城，北面为新城，南面为旧城。街道两旁店铺林立，许多华丽时尚的店铺聚集于此，成为爱丁堡最繁华的街道之一。整条王子街将人文建筑与自然风光完美地融合在一起，非常适合带着孩子在此悠闲地散步。街上还经常有穿着苏格兰裙的艺人吹奏风笛。

适合孩子年龄：6~12岁
游玩重点：街道散步

亲子旅行资讯

✉ Princes Street, Edinburgh

🚌 从爱丁堡火车站步行前往，或乘坐T50有轨电车，3、12、18、106等路公交车前往

王子街花园

王子街花园（Princes Street Garden）位于王子街的尽头，花园内繁花似锦、绿草如茵，非常适合带着孩子休闲玩耍。花园东北角的坡地上是著名的苏格兰花钟，花钟图案由大约2.4万朵鲜花组成，让人叹为观止。在花园东侧的一块空地上，屹立着苏格兰著名小说家司各特的纪念碑，纪念碑的中央耸立着白色大理石的司各特雕像，你可沿287级楼梯走到纪念碑的顶部，在那里可俯瞰爱丁堡全景。

适合孩子年龄：4～12岁
游玩重点：去看令人称奇的苏格兰花钟

亲子旅行资讯

✉ Princes Street, Edinburgh

🚌 乘坐3、12、18、106等路公交车在Princes Street（Stop PS）站下即到

121

苏格兰国家博物馆

苏格兰国家博物馆（National Museum of Scotland）成立于2006年，馆藏按照年代顺序展出了苏格兰的历史资料。博物馆的藏品丰富，从恐龙化石到国际象棋五花八门，涵盖了自然、文化、工业、科学和设计等多个领域。在博物馆的科技区、汽车区、通信区有很多互动式的活动，非常有意思。博物馆还展示有世界第一个克隆动物多利羊的标本。

亲子旅行资讯

- ✉ Chambers Street, Edinburgh
- 🚌 乘坐21、23、41、49等路公交车在before Chambers Street站下
- 🌐 www.nms.ac.uk
- 💰 免费
- 🕙 10:00 ~ 17:00
- ☎ 0131-2474113

潮爸辣妈提示

博物馆地下一层的游客问询处（Information）有免费的各国语言馆藏地图，其中也有中文版本。推荐乘坐电梯去往7楼楼顶，上面有个小花园。

卡尔顿山 ◇◇◇◇◇◇◇◇◇◇◇◇◇◇◇◇◇◇◇◇◇◇◇◇◇◇◇◇◇◇◇◇◇

卡尔顿山（Calton Hill）是王子街东头一座草木葱郁的小山，是爱丁堡当地人最喜欢的地方之一，在山上不仅可以远眺大海，还可以俯瞰爱丁堡全景。山上有两座纪念碑，分别是国家纪念碑和纳尔逊纪念碑。此外，山上还有一座醒目的圆顶建筑，这就是爱丁堡市立天文台。卡尔顿山看日落是爱丁堡非常受欢迎的游玩项目，一到日落时分，这里便会有众多游人聚集。

适合孩子年龄： 8~12岁
游玩重点： 看山顶建筑、野餐、看日落

📋 亲子旅行资讯

✉ Regent Road, Edinburgh
🚌 乘坐1、4、22路公交车在Leith Street站下

荷里路德宫 ◇◇◇◇◇◇◇◇◇◇◇◇◇◇◇◇◇◇◇◇◇◇◇◇◇◇◇◇◇◇◇

荷里路德宫（Palace of Holyroodhouse）又被称为圣十字皇宫，坐落在皇家英里大道的尽头，是和爱丁堡城堡齐名的旅游景点。这座宫殿由苏格兰国王詹姆斯四世于15世纪末所建，现在是英国女王在苏格兰的官邸。宫殿内以苏格兰女王玛丽之家而著称，宫中最值得一看的是画廊中11幅苏格兰历代国王画像。在宫殿附近是风景如画的荷里路德公园，很适合带孩子散步。荷里路德宫里发生了很多故事，为人津津乐道，可以给充满好奇心的孩子讲一些。

适合孩子年龄： 6~12岁
游玩重点： 参观苏格兰式宫殿、聆听这里发生过的故事

亲子旅行资讯

✉ Canongate,Edinburgh

🚌 乘坐35路公交车在before Abbeyhill Crescent站下，步行可到

ℯ www.royalcollection.org.uk

🎫 家庭票31.2英镑，成人12英镑，5~17岁儿童7.2英镑，5岁以下免费

🕐 4~10月9:30~18:00，11月至次年3月9:30~16:30

☎ 0131-5565100

爱丁堡其他景点推荐			
中文名称	英文名称	地址	网址
苏格兰国家美术馆	Scotland National Gallery	The Mound, Edinburgh	www.nationalgalleries.org
圣吉尔斯大教堂	St. Giles' Cathedral	High St., Edinburgh	www.stgilescathedral.org.uk
苏格兰议会大楼	Scottish Parliament Building	The Scottish Parliament, Edinburgh	www.parliament.scot
福斯桥	Forth Bridge	South Queensferry, Edinburgh	www.forth-bridges.co.uk
圣鲁德公园	Holyrood Park	Queen's Dr., Edinburgh	www.historicenvironment.scot
苏格兰国家现代艺术馆	Scottish National Gallery of Modern Art	75 Belford Rd., Edinburgh	www.nationalgalleries.org
玛丽金小巷	Mary King's Close	2 Warriston's Close,High Street, Edinburgh	www.realmarykingsclose.com
草坪	Meadows	Melville Drive,Edinburgh	—

跟孩子吃什么

爱丁堡汇集了来自苏格兰各地的美食，特色鲜明。作为一个著名的旅游城市，这里还能够找到印度、法国等国家的风味美食，可根据自身需求寻找适合自己的美食餐厅。在爱丁堡一定要品尝的美食是哈吉斯，大人们一定要品尝苏格兰威士忌。

爱丁堡的特色美食

爱丁堡美食充满了浓郁的苏格兰风味，和当地人的性情相似，苏格兰的美食也显得"粗放洒脱"些，一般做法较为简单，真正的特色美食也不是特别多。不过仅仅哈吉斯就足以让爱丁堡美食扬名在外了。来到爱丁堡，不可错过的小吃还有黄油酥饼。

● 哈吉斯

哈吉斯（Haggis）是爱丁堡最传统和最有特色的美食。它是一种将羊杂切碎加入燕麦片、羊脂、洋葱和多种香料，然后一并纳入羊胃中炖煮而成的一种布丁，也被称作"肉馅羊肚"。哈吉斯也可以油炸食用。这道美食在很多苏格兰风味的餐厅里都有供应，一般与土豆泥搭配食用。

● 苏格兰威士忌

苏格兰威士忌是苏格兰饮品中的佳品，因此到了爱丁堡，大人们就不能错过品尝这一名酒的机会。威士忌在盖尔语中被称为"uisge-beatha"，意思是"生命之水"，可见其在当地人心中的重要性。在爱丁堡能够买到各种著名的苏格兰威士忌品牌。

● 黄油酥饼

黄油酥饼（Shortbread）是一种传统的苏格兰饼干，制作简单，用面粉、糖及黄油制成。苏格兰的黄油质量上乘，用之做成的饼干口感酥脆香浓，十分美味。黄油酥饼最著名的品牌是有百年历史的沃克斯（Walkers）。这种饼干在皇家英里大道的特产店或超市均可买到。

孩子最喜欢的餐厅

爱丁堡既有实惠的快餐店，也有高档的米其林星级餐厅。虽然中餐厅不是很多，但也有一些口碑很不错的。作为历史文化名城，爱丁堡的许多餐厅都有文化积淀，去这些餐厅一边吃饭一边听听当地流传很广的故事非常的有意思。

● 大象咖啡馆

大象咖啡馆（The Elephant House）因风靡世界的魔幻小说《哈利·波特》的作者J·K·罗琳而闻名。当年罗琳就是在这里一边喝着咖啡一边创作的，孩子们可以在这里追寻罗琳的足迹。

■ 地址：21 George IV Bridge, Edinburgh
■ 网址：www.elephanthouse.biz
■ 电话：0131-2205355

● 幽灵餐厅

幽灵餐厅（The Witchery by the Castle）位于爱丁堡城堡不远处，是一个非常特别的餐厅。这家餐厅由"千魂屋"和一个神秘的酒吧组成，以幽灵为主题，其装饰非常"恐怖"，枝形吊灯吱吱呀呀地摇曳着，天花板和晃动的油画里喷出阵阵烟雾，处处营造出一种阴森的气氛。这里的菜单也很奇特，菜肴以及盛菜的容器都很有幽灵的感觉。可以带胆子大的孩子们前去体验一番。

■ 地址：Castlehill, The Royal Mile, Edinburgh
■ 网址：www.thewitchery.com
■ 电话：0131-2255613

● 西贡西贡

西贡西贡（Saigon Saigon）是一家老字号中餐馆，位于王子街上。餐馆里提供东北菜、川菜、粤菜及粤式早茶甜点。午餐还提供自助。除了中餐外，这里还提供东南亚菜。

■ 地址：14 South Saint Andrew Street, Edinburgh
■ 营业时间：周一至周日12:00 ~ 23:00，午餐自助12:00 ~ 16:00
■ 网址：www.saigonrestaurant.co.uk
■ 电话：0131-5573737

爱丁堡其他餐厅推荐			
中文名称	英文名称	地址	电话
奥音坷餐厅	Oink	34 Victoria St., Iod Town, Edinburgh	7771-968233
水稻店餐厅	The Grain Store Restaurant	30 Victoria St.Iod Town, Edinburgh	0131-2257635
班恩素食餐厅	David Bann Restaurant	56-58 St. Mary's Street , Edinburgh	0131-5565888

和孩子住哪里

作为英国重要的旅游城市，爱丁堡的住宿种类多，既有五星级的高档酒店，也有B&B酒店、小旅馆、家庭旅馆等。在乔治街（George Street）集中了许多高档酒店，这些酒店设施齐全，服务周到，环境氛围也很好。爱丁堡当地的住宿价格较高，最好选择既舒适又较为便宜的中档酒店。每年七八月的爱丁堡旅游旺季，尤其是8月艺术节时，爱丁堡的住宿非常紧张，酒店价格也会上涨得很厉害。如果你恰好此时前来的话，一定要提前预订好住宿地。

● 拉奇格兰奇公寓酒店

拉奇格兰奇公寓酒店（Large Grange ApartmentLarge）位于乔治街上，有着花园式景色，为游客提供自助式住宿，是当地一家著名的高档酒店。酒店有舒适的家庭客房，其中包括配有一张双人床和一张单人床的卧室或两张双人床的卧室。

■ 地址：3 Grange Road, Edinburgh
■ 交通：乘坐3、7、49等路公交车在opp Salisbury Place站下

● 魔力城堡酒店

魔力城堡酒店（The Witchery by the Castle）位于爱丁堡城堡附近的一座16世纪的老城住宅内，总共有7个豪华大套间，装潢奢华，室内装饰有各种古玩、橡木镶板、精美壁毯。酒店提供鲜花、精美的巧克力、高档的香槟等，其中美味的巧克力很受孩子欢迎。

■ 地址：Castlehill,The Royal Mile, Edinburgh
■ 网址：www.thewitichery.com
■ 电话：0131-2255613

爱丁堡的其他住宿推荐					
中文名称	英文名称	地址	网址	电话	费用
罗科·福尔蒂巴尔莫勒尔酒店	The Balmoral Hotel	1 Princes St., Edinburgh	www.roccoforte hotels.com	0131-5562414	约217英镑起
霍华德酒店	The Howard	34 Great King Street, Edinburgh	www.thehoward. com	0131-5573500	约113英镑起
国会大厦酒店	Parliament House Hotel	15 Calton Hill, Edinburgh	www.parliamenth ouse-hotel.co.uk	0131-4784000	约83英镑起

给孩子买什么

爱丁堡的购物选择多样，既有高档的购物街和购物中心，也有诸多物美价廉的二手市场。王子街和皇家英里大道都是著名的购物街，精美的橱窗一家挨着一家，各种高档商品琳琅满目，是选购品牌、潮流商品的好去处。在皇家英里大道西段还有很多工艺品店，可以给孩子买些他们喜欢的工艺品。在爱丁堡购物，最值得给孩子购买的商品有苏格兰裙、风笛、羊绒制品服装和黄油酥饼等。

孩子们的购物乐园

爱丁堡是一个集购物与娱乐为一体的城市，因而在这里都能享受到多样的乐趣。要论及孩子们购物的乐园，恐怕没哪里能超越皇家英里大道了。这条大道非常有苏格兰特色，有很多出售苏格兰传统商品的店铺，所售商品有编织服饰、开司米绒线毛衣、古董、苏格兰风笛、苏格兰方格裙等，不少物品都能博得孩子们的喜欢。

不可错过的购物地

爱丁堡的购物地多集中在王子街、皇家英里大道、格拉斯广场、圣安德鲁广场等地，其中，王子街是爱丁堡新城区内最主要的购物大街，那里的店铺比较现代化；而圣安德鲁斯广场上有很多品牌店；格拉斯广场旁的格拉斯市场是一个热闹的二手市场；皇家英里大道则多是传统商店。由于爱丁堡很多的购物地同时也是著名的旅游景点，因而在这些地方边玩边购无疑是一大享受。

● 王子街

王子街是爱丁堡最有名的购物街，不仅拥有诸多时尚潮店，更有绝佳的美景。带着孩子在这条街上边逛边购是件很享受的事。王子街有各种百货公司和世界名牌商店，是一个非常现代和时尚的购物地。

■ **地址：** Princes Street, Edinburgh
■ **交通：** 乘坐T50有轨电车，或3、12、18、106、x26等路公交车前往

● 玛莎百货

玛莎百货（Marks and Spencer）坐落在王子街上，是英国最大的跨国商业零售集团，里面拥有非常多的精品服装、美食饮品等。百货商场的Simply Food区域有很多美食，如沙拉、意大利面等，以及各种水果和果汁，带孩子逛累了可以到此休息。

■ **地址：** 54 Princes Street, Edinburgh
■ **电话：** 0131-2252301
■ **网址：** www.marksandspencer.com

● 约翰-路易斯百货

约翰-路易斯百货（John Lewis）是英国的老牌百货公司，也是爱丁堡的大型百货公司。这里主要有时装、化妆品、童装、家居等商品，质量都很不错，其中服装款式新颖；手工制品精致可爱；床上用品优雅舒适，非常受顾客的青睐。

■ **地址：** St. James Centre, Edinburgh
■ **电话：** 0131-5569121
■ **网址：** www.johnlewis.com

爱丁堡其他购物地信息

名称	特色	地址	电话	开放时间
哈维·尼克斯百货（Harvey Nichols Edinburgh）	位于圣安德鲁广场旁边，是一个奢侈品牌的集中地，每年有两次打折时间，每次的折扣力度都比较大。商店的橱窗设计得非常漂亮	30-34 St. Andrew Square, Edinburgh	0131-5248388	周日至下周三10:00～18:00，周四10:00～20:00，周五、周六10:00～19:00
绿袖子店（Greensleeves）	这是一家二手服饰店，出售的商品包括服装、鞋帽、包包等，虽然商品都是二手的，但是大品牌商品，价格便宜	203 MorningsideRoad，Edinburgh	0131-4478042	参见官网www.greensleeves-uk.com
Mr Wood's Fossils礼品店	这个专卖店主要卖各类矿石、宝石、化石和其他地质性的礼物	5 Cowgate head，Edinburgh	0131-2201344	周一至周六10:00～17:30
爱丁堡农夫市场（Edinburgh Farmers'Market）	坐落在爱丁堡城堡山下，售卖的产品包肉类、海鲜、巧克力和各式酱料等，是品尝爱丁堡本地农副产品的好去处	Castle Terrace, Edinburgh	0131-2208580	周六9:00～14:00

在爱丁堡的出行

　　爱丁堡市内的交通非常方便，有巴士、出租车、自行车等交通工具。其中巴士的线路非常多，覆盖了爱丁堡市内和周边大部分区域。由于爱丁堡面积不大，而且市内的景点多集中在王子街和皇家英里大道附近，所以步行游览也不错。在爱丁堡出行，公共交通的"自动化"不像伦敦那般便利，有时需要和司机交流，会一些基本的英语是必需的。

巴士

　　巴士是爱丁堡市内最主要的交通工具。爱丁堡有多个巴士公司，如驿站马车东苏格兰巴士（Stagecoach East Scotland）、第一巴士（First Bus）、路锡安巴士（Lothian Bus）。其中路锡安巴士是最常用的巴士，其线路覆盖了爱丁堡市区和郊区，单程票价为1.4英镑，晚上也有夜间巴士运行；第一巴士主要服务于爱丁堡市内与其南部、西部、东部相邻的农村市镇，依里程计费；驿站马车东苏格兰公交主要服务于与爱丁堡相邻的法夫（Fife）。

　　另外，爱丁堡也有一种双层观光巴士，主要行驶在新城区的王子街上。有兴趣的话，你可参加"爱丁堡古典之旅"，购买一张当天有效的通票，价格约4英镑，之后便可在一天内任意乘坐观光巴士了。

　　不同公司之间日票不可通用，即不能使用路锡安巴士的日票乘坐第一巴士的巴士。有些线路运行的巴士是投币式，不设找零；有些线路是向司机付钱买票，可找零。如不能确定所要乘坐线路是否找零，建议备好零钱。

出租车

　　在爱丁堡乘出租车非常方便，当地出租车很多，主要的出租车公司有City Cabs（0131-2281211）、Central Taxis（0131-2292468）等。在街上可以直接拦到出租车。出租车大部分是黑色的奥斯汀汽车。

自行车、步行

　　如果想和孩子体验不一样的游览方式，可选择骑自行车或步行。骑自行车的话最好自己提前计划好游览路线，并携带地图或者电子导航。爱丁堡有很多适合骑行的道路。在11-13 Lochrin Place的Biketrax可以租赁到自行车，电话为0131-2286633。

如何在爱丁堡跟团游

带孩子出行的游客一般都会选择跟团游，如果已经在国内的组团社报了团，就应当知道爱丁堡当地的地接社是否有接机服务、提供什么样的服务等一系列问题。如果没有在国内报团，就需要到了爱丁堡之后在当地报团。在报团时，游客一定要对比三家，寻找方便、可靠的旅行团出行。

在爱丁堡怎样报团

报团涉及在国内报团和到了爱丁堡报团这2种主要方式。在本书PART1的出游方式里面，已经介绍了在国内报团的方式和注意事项，可参考P073。这里详细介绍了在爱丁堡如何报旅行团。此外，报团前应先了解当地有哪些可靠旅行社供选择。

● 爱丁堡的旅行社

爱丁堡的华人不是很多，当地的华人旅行社也较少，如果要跟团游，最好选择在爱丁堡的知名旅行社或者专门的爱丁堡旅行路线。另外也要根据自己的行程和孩子的需要来选择合适的旅行社。

爱丁堡知名的华人旅行社					
中文名称	英文名称	网址	电话	地址	简介
欧美嘉国际旅行网	Omega travel group	www.omegatravel.net	0131－2210022	21 Home Street, Edinburgh（爱丁堡分部）	全英华人旅行社中的典范，提供百分百出团服务。欧美嘉精心策划了众多适合中国游客赴英国旅游的线路
英国旺平旅行社	Wangping Travel Agency	www.wangpingtravel.com	0131－4451176	258 Dalry Road, Edinburgh（爱丁堡总部）	一家专门为中国游客提供英国旅游相关服务的旅游公司，在北京、上海、南京、大连等地设有办事处，提供中国入境英国旅游、商务出访、会议旅游等业务

爱丁堡知名的地接社

对于带孩子境外游的游客来说，初到一个陌生的城市，肯定不方便，如果当地有专门的接待社为自己提供服务，对于父母来说肯定是很有必要的。由于中国到爱丁堡没有直达的航班，很多人会选择从伦敦等地转机，而且爱丁堡市区面积不大，地接服务不是很完善，这里简要介绍一家当地的地接社可供参考。

● 英国易游旅行社

英国易游旅行社（EztrAvo）的经营范围涉及英国旅行组团和地接业务。易游旅行社拥有多年国内外旅游从业经验以及豪华旅游中巴、7～9座商务车等旅游专用车辆，并与多家本土车辆租赁公司签订有合作合同。易游旅行社提供的经典旅游线路包括：苏格兰高地全景豪华4日游、纵览英伦5～7日游、苍穹岛高地3日游，尼斯湖高地2日游、圣安德鲁斯高尔夫朝圣体验以及欧洲多国大巴巡礼等线路。

■ 地址：101 George Street, Edinburgh
■ 网址：www.5utravel.com
■ 电话：0131－2256009

爱丁堡

哈利·波特之旅

爱丁堡是一个闻名遐迩的文化名城，皇家、文化、传说等主题构成了这个迷人城市的复杂面貌。在这里，根据不同的主题开发出了许多非主流路线，最为人所知的当属"哈利·波特之旅"了。哈利·波特给爱丁堡这座古老的文化之城增添诸多童话色彩，现在就带着孩子探寻一下哈利·波特的痕迹吧。

寻找哈利·波特的痕迹

如果你或者孩子是哈利·波特迷，那么爱丁堡就非常值得你一探了。当年，罗琳就是在这座城市写下了这部风靡全球的魔幻巨著。而爱丁堡这座有着诸多幽灵传说和历史故事的城市则为她提供了许多灵感。

● 大象咖啡馆

大象咖啡馆最初由于大象主题而闻名，后来因为罗琳在里面边喝咖啡边写下了《哈利·波特》的第一部作品而突然爆红。其实罗琳在爱丁堡的很多咖啡馆都留下过足迹，只是大象咖啡馆第一个抓住了商机，以此作为宣传点罢了。不过好在出了名的咖啡馆并没有借此而"哄抬物价"。在这家咖啡馆的各个地方尤其是厕所写满了哈利·波特迷的留言，最有趣的一条是马桶的上方画着一个箭头，写着"这里是魔法部的入口"。

133

这里还是爱丁堡唯一专门为哈利·波特粉丝制订的旅游路线的起点，在咖啡馆里就有宣传海报。导游都穿着哈利·波特的斗篷，讲解十分风趣，导游本身是免费的，可在他们讲解结束后给一定的小费。

● 蒂维厄酒吧

蒂维厄酒吧（Teviot）位于爱丁堡大学内，虽然不能直接说这是霍格沃茨魔法学校的原型，但罗琳在这里受到了很多启发。蒂维厄酒吧是爱丁堡大学学生会的主要活动场所，里面经常举办社团活动、舞会和各种乐队比赛。紫色的背灯、复杂的内部构造、各种精彩的活动共同营造出了魔幻的氛围，成为罗琳笔下诸多情节的原型。

● 爱丁堡城堡

历史悠久的爱丁堡城堡，见证了许多血腥的历史事件，因而有了许多鬼魂幽灵传说。爱丁堡地区常年潮湿多雨，而城堡内部又多暗黑的石板路，这更为其增添了一层神秘的色彩。罗琳曾承认，《哈利·波特》里的许多鬼魂幽灵，就来源于爱丁堡城堡的传说。

● 乔治·赫里奥特中学

霍格沃茨四个学院的灵感来源于这个中学，罗琳曾经说过，如果把这个学校整体加在爱丁堡城堡的上面，就是她心目中的霍格沃茨。这个中学是一个私立中学，在爱丁堡也算数一数二的贵族学校。

⭐ 爱丁堡省钱大比拼

景点名称	孩子玩点	优惠信息	地址
对孩子优惠的景点			
皇家英里大道和儿童博物馆	街道漫步，去儿童博物馆看各种玩具	免费	The Royal Mile, Edinburgh
爱丁堡城堡	去博物馆看兵器和军装、观看鸣炮表演	成人16.5英镑，儿童（5~15岁）9.9英镑，5岁以下儿童免费	Castlehill,Edinburgh
王子街与王子街花园	在王子街散步、购物，去王子街花园看苏格兰花钟	免费	Princes Street, Edinburgh
苏格兰国家博物馆	参与各种有趣的互动活动、参观各种有趣展品	免费	Chambers Street, Edinburgh
荷里路德宫	参观宫殿及巨大的花园	家庭套票31.2英镑	Canongate,Edinburgh
卡尔顿山	野餐、看落日	免费	Regent Road,Edinburgh
圣吉尔斯大教堂	欣赏有趣的树冠尖塔	免费	High St., Edinburgh
爱丁堡北桥	欣赏桥上精美的雕塑	免费	North Bridge, Edinburgh
圣鲁德公园	在景色优美圣玛格丽特湖边游玩	免费	Queen's Drive, Edinburgh
草坪	在辽阔的草地上玩耍，参加各种体育活动	免费	Melville Drive, Edinburgh

带孩子游英国

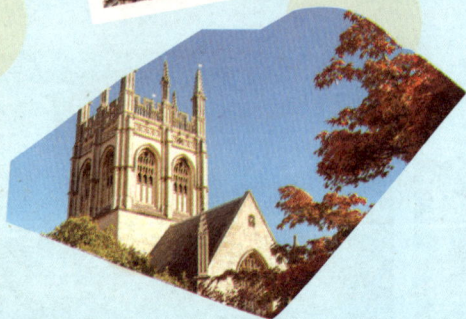

畅游世界，在旅行中成长

PART 4

带孩子游牛津

137 ➤ 157

　　牛津因为世界顶级学府牛津大学而闻名于世。实际上，牛津就是一个以牛津大学为主体的大学城。走进牛津，古朴的建筑、迷人的环境、深厚的人文气息可让人们开启一程别样的文化之旅。在历史悠久的牛津镇，街道就从校园穿过，各个学院散发着古色古香的气息，让漫步其中的每个人都不禁沉醉其中。牛津还是《哈利·波特》系列电影的取景地，带着孩子一边欣赏心目中的学府一边寻找电影里的痕迹再好不过了。

带孩子怎么去

如何到达牛津

牛津没有机场，从中国到牛津需要从英国其他城市转车而达。最好先到伦敦，然后乘坐火车前往。如果你的行程包括多个城市，也可以游览完其他大城市后最后再到牛津。牛津的火车和长途汽车交通还是非常方便的，能够乘其从周边的大部分城市到达牛津。

● 火车

火车是牛津主要的进出交通工具。牛津火车站位于城西的Park End Road，离牛津市中心不到1千米，可乘27路巴士或步行到达市中心。牛津火车站的详细信息可登录网址www.thetrainline.com查询了解。

牛津到英国部分城市的火车信息

路线	班次	票价	所需时间
牛津→伦敦（帕丁顿火车站）	每30分钟一班	23英镑	1小时
牛津→考文垂	每30分钟一班	19英镑	45分钟
牛津→伯明翰	每30分钟一班	23英镑	1小时9分钟
牛津→伍斯特	每30分钟一班	22英镑	1小时20分钟
牛津→赫里福德	每30分钟一班	24.6英镑	3小时19分钟

注：往西南方向的火车必须在Didcot Parkway车站换车

● 长途汽车

　　牛津的主要长途汽车站是格罗切斯特·格林汽车站，来牛津的大多数长途汽车都停靠在这里。格罗切斯特·格林汽车站位于市区西北部的St. John路上，车站前有X6路巴士经过。在伦敦可以在Marble Atch、Notting Hill Gate地铁站或维多利亚车站乘坐长途汽车到达牛津，此外，希斯罗机场也有到牛津的长途汽车。从牛津前往英国大多数地方的长途汽车由National Express公司运营。

牛津到英国部分城市的长途汽车信息

路线	票价	所需时间
牛津→希斯罗机场	往返票价20英镑	约1小时20分钟
牛津→伦敦	往返票价11英镑	1小时40分钟
牛津→伯明翰	9.25英镑	2小时
牛津→巴斯	10.05英镑	2小时
牛津→布里斯托尔	14英镑	2小时15分钟

亲子行程百搭

牛津百搭

牛津百搭路线示意图

Map labels:
- Ashmolean Museum
- 贝利奥尔学院 Balliol College
- Trinity College
- 牛津大学图书馆 Bodleian Library
- The Turf Tavern
- 新学院 New College
- George St.
- 宽街
- 万灵学院 All Souls College
- The Grove
- Longwall St.
- 牛津城堡 Oxford Castle
- 耶稣学院教楼 Jesus College
- 女王学院 The Queens College
- Nuffield College
- 卡法斯塔 Carfax Tower
- 牛津大学布雷齐诺斯学院 Brasenose College
- A420
- Castle St.
- Oriel College
- Rose Ln.
- 莫德林学院 Magdalen College
- Paradise St.
- Pembroke St.
- 墨顿学院 Merton College
- Merton Field
- Brewer St.
- 基督教堂学院 Christ Church
- A4144

南部学院路线

乘坐31、34等路巴士在St. Aldates (Stop H4)站下

❶ 基督教堂学院
Christ Church

⌄ 沿着St. Aldate's/A420路北行，而后转入Blue Boar Street及相连的Bear Ln东行，至Oriel Square，从广场进入Merton Street，东行即到

❷ 墨顿学院 (0.5小时)
Merton College

⌄ 沿Merton Street走到Magpie Ln，沿之到High Street/A420，沿High Street/A420东南走即到

❸ 莫德林学院 (0.5小时)
Magdalen College

北部路线

乘坐1、10、12等路在Queens Lane (Stop J2)站下

❶ 女王学院 (0.5小时)
The Queens' College

⌄ 沿着High Street西行至Catte Street，再北行即到，步行6分钟

❷ 万灵学院 (0.5小时)
All Souls College

⌄ 沿着Catte Street北行即到牛津大学图书馆。步行约3分钟

❸ 牛津大学图书馆 (0.5小时)
Bodleian Library

⌄ 沿Catte Street北行至Holywell Street，沿之西至新学院。步行约6分钟

❹ 新学院 (0.5小时)
New College

西部路线

乘坐3B、4、300路巴士在New Road (Stop D1)站下，南行约30米即到牛津城堡

❶ 牛津城堡 Oxford Castle (1小时)

⌄ 从New Road路西南行转入Queen Street，继续东行即到，步行约5分钟

❷ 卡法斯塔 Carfax Tower (0.2小时)

⌄ 从High Street东行至Turl Street，转入之北行即到，步行约5分钟

❸ 耶稣学院教楼 (0.2小时)
Jesus College

⌄ 从耶稣学院教楼出来沿着Turl Street北行至尽头即到贝利奥尔学院

❹ 贝利奥尔学院 (0.2小时)
Balliol College

带孩子游英国

140

亮点

❶ **基督教堂学院**：寻找爱丽丝与哈利·波特的痕迹

❷ **牛津大学图书馆**：参观电影《哈利·波特》取景地

❸ **自然史博物馆**：近距离接触各种动植物标本

❹ **科学史博物馆**：见识著名科学家用过的东西

基督教堂学院

　　基督教堂学院（Christ Church）是牛津大学最大的学院，还是牛津所有学院中唯一不被称呼为"College"的，它被亲切地称为"The House"。学院中的教堂很小但很漂亮，漂亮的玻璃窗据说激发了《爱丽丝梦游仙境》作者的创作灵感。在学院画廊里收藏有15～17世纪意大利、法国等国画家的作品。风靡全世界的著名电影《哈利·波特》里的食堂就是在这个学院的餐厅中拍摄的，带着孩子找找电影里的痕迹吧。此外，在学院正门的正上方有一座汤姆塔。

适合孩子年龄： 4～12岁

游玩重点： 参观学院餐厅，去爱丽丝的店买玩具

📩 **亲子旅行资讯**

✉ St. Aldate's, Oxford

🚌 乘坐31、34等路巴士在St. Aldate（Stop H4）站下即到

🌐 www.chch.ox.ac.uk

💷 7英镑

🕐 周一至周六10:30～17:00，周日14:00～17:00

潮爸辣妈提示

　　在学院的对面，有一个非常有童话色彩的商店叫爱丽丝的店（Alice's Shop），里面售卖各种与《爱丽丝梦游仙境》有关的商品，可以带孩子淘几件有趣的小物件留作纪念。

牛津大学图书馆

通常所说的牛津大学图书馆即博德利图书馆（Bodleian Library），是英国仅次于大不列颠图书馆的第二大图书馆。这座图书馆成立于1602年，是欧洲最古老的图书馆之一。现在这座图书馆由3个部分组成，即老博德利图书馆、拉德克利夫图书馆以及新博德利图书馆；其中老博德利图书馆就是《哈利·波特》系列电影里雄伟的中世纪图书馆的取景地。

适合孩子年龄：8～12岁
游玩重点：寻找电影取景地、观看古书

亲子旅行资讯

📧 Broad Street, Oxford

🚌 乘坐1、10、12等路巴士在Queens Lane（Stop J2）站下，步行前往

🖥 www.bodleian.ox.ac.uk

🕐 周一至周五9:00～17:00；周六9:00～16:30，会有临时调整的情况

☎ 01865-277162

潮爸辣妈提示

图书馆旁边的拉德克利夫楼不对外开放，想要进去游览，只能参加牛津大学图书馆的扩展团队游。参观图书馆，如果想记些笔记的话，一定要记得带上铅笔。

牛津大学植物园

牛津大学植物园（University of Oxford Botanic Garden）紧邻基督教堂学院，是英国最古老和经典的植物园之一。这个植物园最初是个草药园，现在则收集有7000多种不同类型的植物，以支持牛津大学的教学、科研和物种的保存。植物园现在由古老围墙围成的老园、位于老园北部的新园、温室组成，其中新园的布局注重园艺的展示性，有果园、岩石园、水生园等，非常漂亮。

适合孩子年龄：6～12岁
游玩重点：去各个园内看植物

亲子旅行资讯

✉ Rose Lane，Oxford
🚌 乘坐3、3B、12C路巴士在The Plain（SE-bound）站下，步行前往
🌐 www.botanic-garden.ox.ac.uk
💷 5英镑
🕐 5～8月9:00～18:00，3～4月及9～10月9:00～17:00，11月至次年2月9:00～16:00
☎ 01865-286690

自然史博物馆

牛津大学的自然史博物馆（Museum of Natural History）位于牛津大学基布尔学院（Eble College）对面。博物馆中收藏有很多动植物标本与化石，如鳄鱼、老虎的标本，恐龙化石、史前的大象骨骼化石等，非常丰富。这里的很多标本都没有用玻璃罩起来，可让游人更直观地欣赏，有的还能用手触摸。博物馆本身是一个新哥特式建筑，非常壮观漂亮。

亲子旅行资讯

✉ Parks Road, Oxford

🚌 乘坐600路巴士在South Parks Road（NE-bound）站下即到

🌐 www.oum.ox.ac.uk

💷 免费

🕙 10:00～17:00

☎ 01865-272950

适合孩子年龄：6～12岁
游玩重点：近距离接触动植物标本

潮爸辣妈提示

在自然史博物馆旁边还有一座皮特河博物馆（Pitt Rivers Museum），该博物馆也是孩子很喜欢的地方，里面还有互动和手工制作的地方，非常适合带孩子游玩。皮特河博物馆里收藏的东西五花八门，很多藏品还有相关的故事介绍。

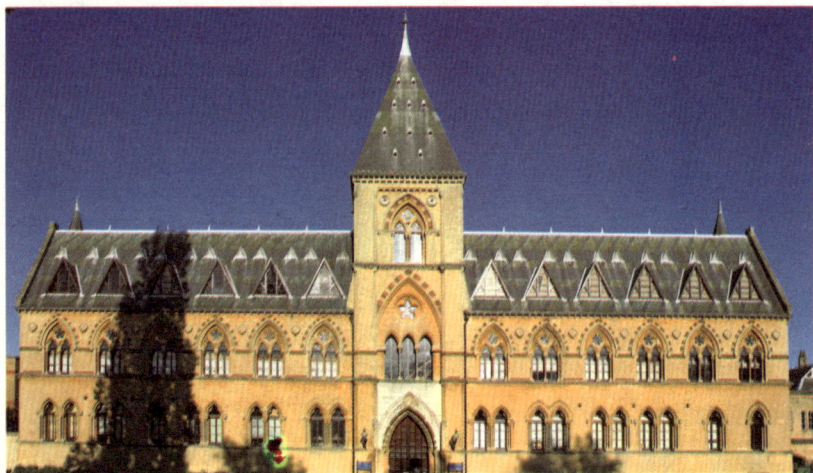

科学史博物馆

科学史博物馆（Museum of the History of Science）的名气没有自然史博物馆大，但其受欢迎程度丝毫不亚于自然史博物馆。博物馆里有爱因斯坦1931年应邀到牛津讲述相对论时用过的黑板，还有很多著名科学家用过的实验器材。博物馆布置了很多科学方面的有趣展览，其中有一个吊着二三百千克重物的天然磁石和20世纪初诺贝尔奖证书。这里是培养孩子对科学产生兴趣的好地方，博物馆门口还有爱因斯坦的玩具娃娃卖，纪念品商店里也有很多有趣的东西，比如画有化学元素周期表的桌布、万花筒等。

适合孩子年龄：8～12岁
游玩重点：观看爱因斯坦用过的黑板、购买纪念品

亲子旅行资讯

- Broad Street, Oxford
- 乘坐1、10、12等路巴士在Queens Lane（Stop J2）站下，步行前往
- www.mhs.ox.ac.uk
- 免费
- 周二至周日12:00～17:00，周一休息
- 01865-277280

墨顿学院

墨顿学院（Merton College）建立于1264年，是牛津大学中最古老的学院之一。学院的窗户、墙上爬满了绿色的藤蔓，而路边则经常鲜花盛开，因而有着"牛津最美的学院"的美称。学院内古老的莫伯庭院、精美的礼拜堂都非常迷人，礼拜堂的窗玻璃大多是数百年前的原物，最特别的是东面窗上的少女与儿童图案，很有创意。墨顿学院以出色的学术著称，其本科毕业生成绩在牛津各学院的排名中大多数是第一。

适合孩子年龄：6～12岁
游玩重点：在学院散步、去礼拜堂看玻璃窗

亲子旅行资讯

✉ Merton Street, Oxford

🚌 乘坐1、10、12等路巴士在Queens Lane（Stop J2）站下，步行前往

🌐 www.merton.ox.ac.uk

💷 5英镑

🕐 周一至周五14:00～17:00，周六、周日10:00～17:00

☎ 01865-276310

牛津城堡

牛津城堡（Oxford Castle）距离牛津火车站非常近。这座城堡建于1071年，比牛津大学还早大约100年。这座城堡原本用于军事防御，后来成为一座监狱，现在城堡的大部分地方已经被改为豪华的城堡酒店。城堡两旁有坚固的中古时期风格的古城墙，在城堡前还有一座土堆，有盘旋的步道直通其顶部，可以带孩子到上面玩一下。

适合孩子年龄：6～12岁
游玩重点：攀登城堡、在盘旋的步道和孩子玩耍

亲子旅行资讯

✉ 44 New Road, Oxford

🚌 乘坐3B、4、300、T1等路巴士在New Road（Stop D1）站下

🌐 www.oxfordcastleunlocked.co.uk

💷 成人10.75英镑，5~15岁儿童7.5英镑，5岁以下儿童免费

🕙 10:00 ~ 17:00

☎ 01865-260666

潮爸辣妈提示

城堡里有专门的导游讲解，他们往往扮演成曾经出现在城堡里的各种人物。你可以在城堡关押犯人的地方照相，工作人员会把拍好的照片做成被通缉的样子，很有意思。

牛津其他景点推荐

中文名称	英文名称	地址	网址
万灵学院	All Souls College	27 High Street, Oxford	www.all-souls.ox.ac.uk
谢尔登剧院	Sheldonian Theatre	Broad Street, Oxford	—
王后学院	The Queens' College	High Street, Oxford	www.queens.ox.ac.uk
林肯学院	Lincoln College	Turl Street, Oxford	www.linc.ox.ac.uk
新学院	New College	Holywell Street, Oxford	www.new.ox.ac.uk
圣十字学院	St. Cross College	61 Saint Giles, Oxford	www.stx.ox.ac.uk
三一学院	Trinity College	Broad Street, Oxford	www.trinity.ox.ac.uk
圣母玛利亚大学教堂	University Church of St. Mary the Virgin	High Street, Oxford	www.university-church.ox.ac.uk
贝利奥尔学院	Balliol College	Broad Street, Oxford	www.balliol.ox.ac.uk
卡法斯塔	Carfax Tower	Queen Stree, Oxford	—

跟孩子吃什么

牛津是一座古老的大学城，在这里就读的学生来自世界各地，为了满足学生们的不同需要，世界各地美食不断在这里汇聚。这里的美食以欧洲菜为主，亚洲美食主要为日本料理和中餐。如果想要找便宜可口的饭菜可以前往Cowleylu路上的学生一条街。

牛津的特色美食

牛津虽不大，但可轻易品尝到"万国美食"。在牛津，高档大餐不多，而各种小吃比较多，在很多食品店和外卖餐厅能吃到来自世界各地的小吃。

● 绿豆子煎饼

绿豆子煎饼是牛津最著名的特色美食，采用豆角、芝士、面粉、鸡蛋等原料精制而成。吃起来口感层次丰富，既能感受到绿豆的清香，又能体验到芝士的爽滑。除此之外，还可以根据顾客的不同需求在煎饼里面涂抹上番茄酱、芝麻酱或沙拉酱。这种煎饼是学生非常喜欢的"快餐"，也是游客游玩时喜欢外带的美味。

孩子最喜欢的餐厅

为了迎合来自世界各地学生的口味，这里的餐厅可以说五花八门，喜欢各种口味的游客基本上都能找到合适的餐厅。这里的一些餐馆历史悠久，形成了自己小店的独特文化，另外为了迎合学生的猎奇心，一些餐馆进行了别样的设计。带孩子去这些餐馆就餐可以体会到饮食之外的诸多乐趣。

● 前河饭店

前河饭店（Head of the River）是牛津大学年度各学院

划船比赛优胜者的指定用餐饭店，非常有名。这个餐厅临水而建，地理位置非常优越，环境也很好。它还有一个夏季室外就餐的庭院，你可以和孩子坐在庭院中，一边享受着牛津美食，一边看着河岸两旁的风景，十分惬意。

■ 地址：St.Aldates,40 Pembroke Square, oxford

■ 网址：www.headoftheriveroxford. co.uk

■ 电话：01865-721600

148

● 大棚市场

牛津的大棚市场（Covered Market）是一个品尝美食的好去处，有点像美食街。市场内有很多小餐馆、甜品店和外卖餐馆，其中经营新鲜美味的法式面包的Morton's的面包店，比较受孩子们欢迎。

- 地址：Market St., Oxford
- 开放时间：周一至周六8:00～17:00,周日10:00～16:00

● 腾皇阁餐厅

腾皇阁餐厅（Paddy Fields）是牛津一家颇具人气的中餐店，离牛津火车站很近。这家餐厅饭菜种类多，粤菜更是一绝，比较好吃，而且价格不贵。店内装修是传统中式风格，很古朴。

- 地址：39-40 Hythe Bridge Streeet, Oxford
- 交通：乘坐11、14、31、U1等路公交车在Frideswide Square（Stop R7）站下
- 电话：01865-248835

牛津其他餐厅推荐

中文名称	英文名称	地址	电话
青豆餐厅	Edamame	15 Holywell St., Oxford	01865-246916
乔治和大卫餐厅	George & Davis	9 Little Clarendon Streeet, Oxford	01865-516652
马粮袋餐厅	The Nosebag	6-8 Michaels Street, Oxford	01865-721033

和孩子住哪里

牛津虽然不大，但由于游人和学生众多，所以在学校之外集中了许多住宿地。牛津的星级酒店多集中在市中心一带，价格较高，但一般都附带早餐。牛津的伊夫利路、考利路、班伯利路、阿宾登路等地集中了很多环境不错且价格较便宜的小旅馆，找一些提供家庭房的旅馆入住是个不错的选择。牛津面积很小，不管住在何处，交通都不是大问题。需要注意的是，牛津的住宿普遍偏贵，而且绝大多数酒店儿童都按成人标准收费。

带孩子游英国

● 湖畔宾馆

湖畔宾馆（Lakeside Guest House）是一家4星级酒店，所有房间均设有免费无线网络。酒店提供免费的行李存放服务。酒店内有专门的家庭套房可供选择，而且设施齐全。酒店内设多种娱乐设施，可以带孩子放松一下。

- 地址：118 Abingdon Road,Oxford
- 网址：www.lakeside-guesthouse.com

● 校风酒店

校风酒店（Ethos Hotel）提供免费的行李存放、洗衣等服务，非常方便。客房内必需品一应俱全，部分客房还配有卫星频道/有线电视、微波炉、熨衣设施、茶/咖啡机、空调等，可根据自己需要进行选择。入住校风酒店，还可以使用酒店旁的高尔夫球场等休闲设施。

- 地址：59 Western Road,Grandpont,Oxford
- 网址：www.ethoshotels.co.uk
- 电话：01865-245800

● Parklands B&B旅馆

这是一家性价比较高的中档旅馆，距市中心不到1.5千米。外观是维多利亚风格，非常有艺术感，屋内设施很现代化，非常方便。客房主题是鹅黄的暖色调，灯光也非常柔和，让人感觉很温馨。

- 地址：100 Banbury Road, Oxford
- 网站：www.parklandsoxford.co.uk
- 电话：01865-554374

牛津其他住宿推荐					
中文名称	英文名称	地址	网址	电话	费用
老银行酒店	Old Bank Hotel	92-94 High Street,Oxford	www.oldbank-hotel.co.uk	01865-799599	约272英镑起

给孩子买什么

作为大学城，牛津是一个文化气息非常浓郁的地方，在这里购物，和那些商业气息的浓郁大都市必然不同，牛津最显眼的就是大大小小的书店，英国的童书在世界都是顶级的，淘一些装帧精美的图画书一定会博得孩子们的欢心。牛津的街边有一些出售当地的纪念品小店，出售的物品有T恤、徽章、帽子等，买一些也不错。作为一个和《爱丽丝梦游仙境》《哈利·波特》有着千丝万缕关系的城市，在牛津买些与之相关的玩具不是什么难事。

孩子们的购物乐园

在学术气息浓郁的牛津，严肃中也不乏童趣。爱丽丝梦游仙境的故事就从这里"走出"，现在带着孩子去爱丽丝的店吧，这个充满童话的地方有很多和爱丽丝有关的纪念品。这个商店还是《爱丽丝梦游仙境》中老绵羊商店的原型。在这里除了购物外，还可以参加其安排的爱丽丝主题之旅，到爱丽丝和卡尔的"家"参观。

不可错过的购物地

牛津最主要的商业街是玉米市场街和女王街，这两条街也是当地居民和学生购物最常去的地方。在这两条街上有许多当地纪念品出售，可以逛逛。此外，到了牛津千万不要忘了去逛逛书店，布雷克威尔书店就是其中的代表。牛津旁边有一个彼斯特名牌购物村，是英国最著名的购物村之一，潮爸辣妈们可以在此尽情扫货了。

● 布雷克威尔书店

布雷克威尔书店（Blackwell's Bookstore）位于牛津大学图书馆对面，这家书店已有百年历史，虽然不起眼但是内部的空间却非常大，共有4层。在这里，可以来看书，也可以来买书，由于书籍众多，书店按照不同类别将其分类，按照指示牌就能找到所需的书籍。书店的顶层还有二手书出售。

- 地址：51 Broad St., Oxford
- 交通：乘坐1、10、12等路巴士在Queens Lane（Stop J2）站下，步行前往
- 开放时间：周一至周六9:00～18:00，周日11:00～17:00
- 网址：bookshop.blackwell.co.uk

● 彼斯特名牌购物村

彼斯特名牌购物村（Bicester Villae）位于牛津北边，是英国最著名的购物村之一，又被称为"名店村"，这里聚集了很多欧洲一线品牌，尤其是英国本地品牌，并常年打折，折扣幅度很大。

■ 地址：50 Pingle Dr.,Bicester
■ 交通：在牛津格罗切斯特·格林汽车站坐X5号公共汽车，或在兰道夫旅馆门口坐27路巴士到Bicester Village下
■ 网址：www.bicestervillage.com

● 爱丽丝的店

爱丽丝的店（Alice's Shop）是《爱丽丝梦游仙境》中"老绵羊店"的原型，位于基督教堂学院对面。这家店已有500多年历史，最初是一家糖果店。不过，现在这里主要出售各种与爱丽丝故事相关的纪念品。

■ 地址：83 St. Aldate's, Oxford
■ 交通：乘坐31、34等路公交车在St. Aldates（Stop H4）站下即到
■ 网址：www.aliceinwonderlandshop.co.uk

牛津其他购物地推荐

名称	特色	地址	开放时间
女王街（Queen's Street）	牛津最主要的购物街之一，街上有很多折扣店和饰品店	Queens Streeet, Oxford	—
大棚市场（Covered Market）	类似于国内的菜市场。在这里，可以买到各种新鲜的水果、蔬菜等农副产品。此外，这里还有小商店、小摊位可以逛	Market St.,Oxford	周一至周六8:00～17:00，周日10:00～16:00

在牛津的出行

牛津不大，出行比较方便。牛津市内的主要交通工具有巴士、牛津观光巴士和自行车。牛津景点都比较集中，因此乘坐巴士或租一辆自行车游览都非常方便，同时很多地方都可以步行到达。牛津的巴士密度非常高，加上步行完全能满足人们的出行需要。

巴士

经营牛津市内巴士的公司主要有Stagecoach公司和牛津公共汽车公司（Oxford Bus Company）两家，其巴士覆盖范围和线路基本相同，票价也相近。在乘坐时，你可以选择相对比较方便的一家巴士。如果你在牛津待的时间比较长，那么可以买一张Stagecoach公司的周票（Megarider Plus Pass），价格为9英镑，然后便可在7天内任意乘坐市内巴士，比较实惠。由多个运营商发行的通票（Plus Pass）有1天、7天、1个月3种，价格分别为5、17、46英镑，可以在有效期内无限次搭乘各个公司的巴士。

观光巴士

牛津有一种和伦敦观光巴士很像的红色双层观光巴士（City Sightseeing Oxford），非常适合游客观光旅游。它以一条合理的线路串联起牛津著名的20个景点，包括了学院、教堂、历史建筑、博物馆等，有中文普通话和粤语讲解。全程20个站点，行程约1小时，可以在1天内任意乘坐。

自行车

牛津城市不大，租辆自行车自由自在地穿梭在各个古老的学院间是个不错的选择。牛津主要的自行车出租公司有Beeline Bikes和Cycle Analysts两家，前者可租到电动自行车和山地车，每天12英镑，每周20英镑，押金50英镑；后者也可租借电动自行车，每天10英镑，每周18英镑，押金100英镑。不过租车时要考虑孩子的情况，年龄大点的孩子可以单独租辆车，年龄太小就最好租带座的电动车。

丘吉尔庄园（布伦海姆宫）一日游

到了牛津，一定不要错过丘吉尔庄园，这座著名的庄园位于牛津西北的伍德斯托克，距离牛津仅约13千米，这座庄园里的布伦海姆宫（Blenheim Palace）被列入了世界文化遗产名录。丘吉尔庄园因丘吉尔家族而得名，英国著名首相丘吉尔就出生在布伦海姆宫并长期在此生活。布伦海姆宫及四周拥有大片的草坪、湖泊，以及布局整齐的花园，共同构成了一个美轮美奂的庄园，吸引了众多游客前往。

丘吉尔家族与布伦海姆宫

布伦海姆宫由约翰范布勒爵士和尼古拉斯霍克斯莫尔于1705～1722年设计，是安妮女王为了表彰和嘉奖温斯顿·丘吉尔的祖上马尔伯勒公爵一世赢得1704年"布伦海姆之战"的伟大胜利而赐予的。现在，这座宫殿仍旧是第11世马尔伯勒公爵和夫人居住的地方。

这座庄园工程浩大，设计时间漫长，修建工作从设计完成几十年后的1764年才开始，至1774年才完全建成。整座宫殿从设计到完成历经整整70年的时间，耗资巨大，整整耗费了30万英镑，其中由国库出资24万英镑，丘吉尔家族自己则花费6万英镑。

英国在第二次世界大战时期的首相温斯顿·丘吉尔的父亲是家族中的第三个儿子，而丘吉尔本人也是作为非长房子孙降生于布伦海姆宫，但他并不能世袭这个庄园。然而正是他当上了英国

首相，带领英国人赢得了"二战"的胜利，其还获得了诺贝尔文学奖。丘吉尔于1874年11月30日诞生在宫殿内，又在这里长大。1908年8月11日丘吉尔在宫殿的狄安娜神庙向未婚妻求婚，晚年又与妻子一起回到布伦海姆宫来安享晚年。丘吉尔曾在书中写道："在布伦海姆我做了两个重要的决定：出生和结婚。我很满意我所做的这两个决定。"

丘吉尔庄园游览

丘吉尔庄园分布示意图

植物园
玫瑰园
船屋
水景花园入口
意大利园林
神秘园
怡乐园
布伦海姆历史展
保健堂
主要水店
范伯鲁大桥
皇家伍德斯托克庄园原址
胜利纪念柱
汉辛顿大门
伍德斯托克大门

● 路线1：布伦海姆宫—水景花园—意大利园林

布伦海姆宫包括大厅、丘吉尔出生时的卧室、西南走廊、绿色客厅、红色客厅、绿色书房、客厅、陈列厅、长图书馆和小教堂等景点，入内参观不得拍照。宫殿主大厅天花板上的壁画描述的是布伦海姆战役的场景，同时还珍藏了大量康熙年间的手绘瓷器。西侧的各主要起居室内有记录了马尔伯勒公爵骁勇善战和公爵夫人美丽容颜的壁画和挂毯。最重要的长廊是接待外国元首和贵宾的地方，有大量设计精美的装饰。

水景花园的设计灵感来自于意大利著名艺术家贝尔尼尼设计的河神喷泉。这里的两个露台通过一排女像柱形成的墙连接在一起，其侧面则是一层层的贝壳。低露台上有一对面对面的狮身人面像。

意大利园林中央有一座用镀金做成的美人鱼喷泉。这个庄园不对外开放，但可以远望。

● 路线2：植物园—玫瑰园—神秘园—怡乐园—胜利纪念柱

植物园就像一个天然的森林公园，公园内延伸的小路边耸立着翠柏、紫杉等树木，其中不乏众多稀有树种。此外，植物园的水堤边长满了水仙花和风信子。

据说当年丘吉尔在植物园向克莱门蒂娜·霍兹尔小姐求婚后的第二天，就带着她在玫瑰园中度蜜月。玫瑰园园中各色玫瑰争相盛开，有一个精巧美丽的拱门，中心位置有一个圆形花床，中间竖立着一座雕像，让人感觉十分浪漫。

神秘园和其他布置整齐的花园不同，是一个非常僻静的地方。园内蜿蜒的小路沿着桥面伸向远方，桥下是幽静的池塘和溪流。

怡乐园中的蝴蝶馆和马尔伯勒迷宫，特别适合带孩子游玩。这是个集玩乐与益智于一体的地方，在蝴蝶馆里可看到许多来自热带的各种蝴蝶，馆内还有一个特殊的孵卵所。马尔伯勒迷宫非常大，迷宫中央有两座高架木桥，站在桥上可以一览无余地俯瞰整个迷宫。从布伦海姆宫有直达怡乐园的小火车，约30分钟一班。

胜利纪念柱比较偏远，位于庄园内的一个湖心岛屿上，为了纪念"布伦海姆战役"的胜利而建，穿过园内的范伯鲁大桥则可以前往胜利纪念柱。

● 资讯信息

交通：在牛津的Gloucester Green汽车站有S3线直达丘吉尔庄园。可当天来回，往返票价5.5英镑，基本上半个小时或者一个小时就有一趟车，工作日与周末汽车时刻表不一样，需要自己去汽车站查看。

开放时间：宫殿、花园每年从2月中旬到10月底每天都开放，而从11月到12月中旬的开放时间为周三到周日。庄园的开放时间为9:00，各花园的开放时间为10:00，宫殿最早的游览时间为10:30；最晚进入宫殿和公园的时间为16:45；宫殿关门时间为17:30，庄园和花园的关门时间为18:00。

★ 牛津省钱大比拼

对孩子优惠的景点			
景点名称	孩子玩点	优惠信息	地址
自然史博物馆	近距离接触动植物标本	免费	Parks Road, Oxford
科学史博物馆	观看爱因斯坦用过的黑板、购买纪念品	免费	Broad Street, Oxford
圣母玛利亚大学教堂	有漂亮的塔尖，登教堂看牛津美景	教堂免费，仅登顶收费	High Street, Oxford
牛津城堡	攀登城堡，在盘旋的步道和孩子玩耍	成人10.75英镑，5~15岁儿童7.5英镑，5岁以下儿童免费	44 New Road, Oxford
皮特河博物馆	参观各种古人类学展品	免费	South Parks Road, Oxford
南公园	野餐、参加各种活动	免费	75 Hill Top Rd.,Oxford

畅游世界，在旅行中成长

带孩子游英国

PART5

带孩子游剑桥

159 > 183

　　剑桥是和牛津齐名的大学城，也和牛津有着密切关系。众所周知，正是从牛津"出逃"的师生建立了剑桥。如果说牛津是"大学中有城市"，剑桥则是"城市中有大学"。尽管剑桥保存了许多中世纪建筑，众多学院也是古韵犹存，但整体而言仍是明快而亮丽的。剑河从南至北流经剑桥，造就了这里如画的美景，带着孩子沿河溯游，无疑是惬意无比。剑桥处处环境幽美，加上书香气息，到英国一游，剑桥是必不可错过的城市。

带孩子怎么去

如何到达剑桥

剑桥没有机场，从中国到剑桥需要从英国其他城市转车前往。最好先到伦敦，然后乘坐火车或长途汽车到达，从伦敦的所有机场都有直达剑桥的长途汽车，非常方便；另外，伦敦的火车站也有许多火车直达剑桥。剑桥的火车和长途汽车交通目的地没有牛津丰富，但还是和周边主要城市有着便利的交通。

● 火车

剑桥与伦敦之间的火车车次十分频繁，每天不到30分钟便有一趟火车从剑桥前往伦敦的国王十字火车站或伦敦利物浦大街火车站，车程约1小时。此外，从剑桥乘火车也可直达伊普斯威奇、伯明翰等城市。购买火车票时，可以买往返票，会比单程票划算很多。

伦敦的国王十字火车站（King's Cross Stations）、利物浦大街火车站（Liverpool St. Stations）或维多利亚火车站（Victoria Station）到剑桥的火车非常密集，约30分钟一班，足够满足你的出行需求。

从剑桥火车站可乘1、3路巴士到伊曼纽尔街（Emmanuel Street），下车即到市中心，约需15分钟，票价1英镑，方便快捷。火车站咨询电话：084-57484950。

● 长途汽车

剑桥的长途汽车总站（Coach Station）位于Drummer Street，这里有长途汽车前往英国各地，其中来往于伦敦、牛津等地的班次比较频繁。剑桥与伦敦的国王十字火车站和利物浦大街火车站也有专线长途汽车来往，大约每30分钟一班，车程约1小时20分钟。从维多利亚汽车站到剑桥的长途汽车约需2小时。

伦敦的6个机场中，距离剑桥最近的是斯坦斯特德机场（Stansted Airport），但多数航班都在希斯罗机场降落。不管航班在哪个机场降落，都可以乘长途汽车前往剑桥，其中斯坦斯特德机场到剑桥的长途汽车每天1:55～19:45运行，每1小时一班，主要停靠在剑桥Drummer Street的长途汽车总站。

亲子行程百搭

剑桥百搭

特兰平顿街路线

乘坐1、UNI4路巴士在opp Queens' College站下即到女王学院

❶ 王后学院 `1小时`

Queen's College

⌄ 从女王学院出来沿着Silver Street（银街）东行至Trumpington Street，转入南行即到彭布罗克学院。步行约6分钟

❷ 彭布罗克学院 `0.2小时`

Pembroke College

⌄ 从彭布罗克学院出来沿着Trumpington Street南行即到彼得学院。步行约1分钟

❸ 彼得学院 `0.2小时`

Peterhouse College

⌄ 从彼得学院出来沿着Trumpington Street南行即到费兹威廉博物馆。步行约2分钟

❹ 费兹威廉博物馆 `0.2小时`

Fitzwilliam Museum

剑河边学院路线

乘坐1A、1B、5等路巴士在near St. Peter's Street站下，东行约1分钟即到麦格达伦学院

❶ 麦格达伦学院 `0.5小时`

Magdalene College

⌄ 沿着Bridge Street东行至St. Johns Street，转入南行至Trinity Street，继续南行即到三一学院位于剑河东侧的部分，穿过剑河即到三一学院西侧部分。步行约2分钟

❷ 圣约翰学院 `1.5小时`

St. John's College

⌄ 从三一学院东侧出来，沿着Trinity Street南行至Senate House Hill路，转入南行至King's Parade路，继续南行即到国王学院。步行约4分钟

❸ 国王学院 `0.5小时`

King's College

东部学院路线

乘坐1、1A、8等路巴士在Bridge Street (o/s Church)站下，沿着Bridge Street南行约2分钟即到悉尼苏塞克斯学院

❶ 悉尼苏塞克斯学院 `0.2小时`

Sidney Sussex College

⌄ 从悉尼苏塞克斯学院出来沿着Sidney Street至St. Andrew's Street，继续南行至伊曼纽尔学院。步行约6分钟

❷ 伊曼纽尔学院 `0.2小时`

Emmanuel College

⌄ 从伊曼纽尔学院出来，对面就是Downing Street，沿之西行即到考古和人类学博物馆。步行约2分钟

❸ 考古和人类学博物馆 `1小时`

Museum of Archaeology and Anthropology

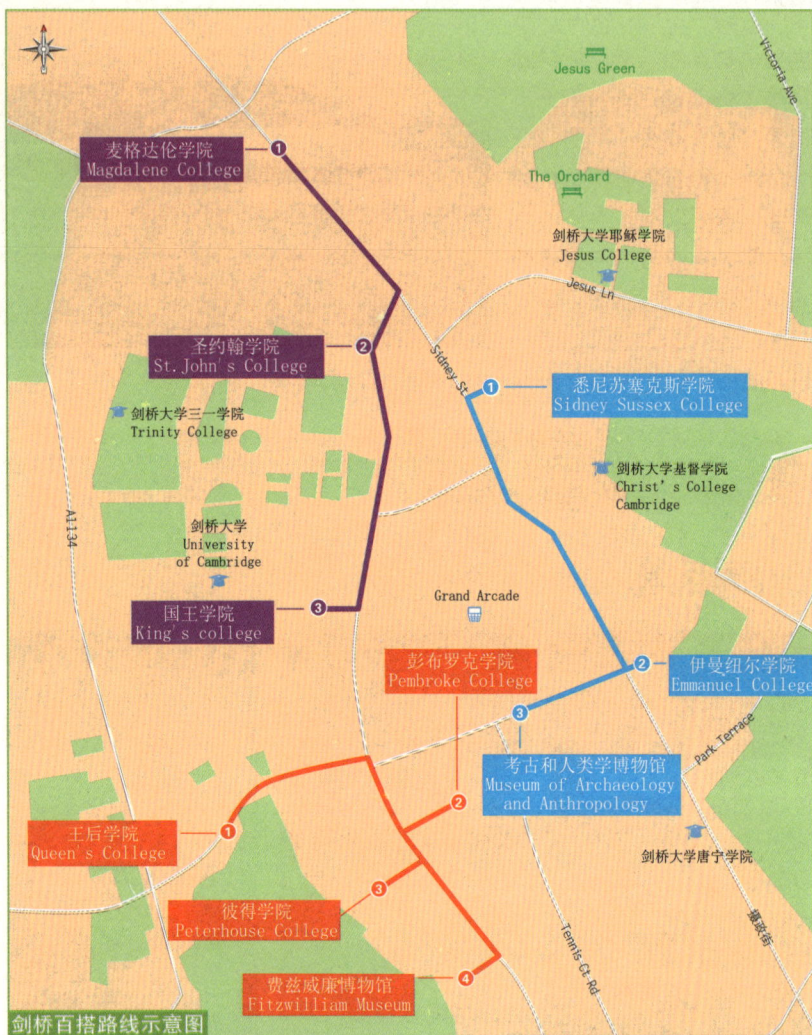

Jesus Green

Victoria Ave.

The Orchard

剑桥大学耶稣学院
Jesus College

Jesus Ln

麦格达伦学院
Magdalene College ①

Sidney St.

圣约翰学院 ②
St. John's College

① **悉尼苏塞克斯学院**
Sidney Sussex College

剑桥大学三一学院
Trinity College

剑桥大学基督学院
Christ's College
Cambridge

剑桥大学
University
of Cambridge

A1134

Grand Arcade

国王学院 ③
King's college

② **伊曼纽尔学院**
Emmanuel College

彭布罗克学院
Pembroke College

③

Park Terrace

考古和人类学博物馆
Museum of Archaeology
and Anthropology

②

剑桥大学唐宁学院

王后学院 ①
Queen's College

③

彼得学院
Peterhouse College

Tennis Ct. Rd.

④

费兹威廉博物馆
Fitzwilliam Museum

剑桥百搭路线示意图

亮点

① 三一学院：看有趣的国王雕像和与牛顿有关的苹果树

② 剑河：乘船漫游剑河，欣赏优美风光

③ 王后学院：看看神奇的数学桥

④ 帝国战争博物馆：见识各种老飞机

⑤ 费兹威廉博物馆：看看硬币和纪念章大全

剑河

剑河（River Cam）旧译为康河，著名诗篇《再别康桥》里"在康河的柔波里，我甘心做一条水草"中的康河说的就是它。美丽的剑河是剑桥大学的象征，剑河上游段河流曲折，岸边风景自然淳朴，下游河面较为宽阔，水流平缓，岸边是剑桥大学校园中的华丽建筑。在剑河乘船漂游，美景尽览。带着孩子，沿着剑河乘着小舟泛游，好好地欣赏一下梦幻般的美景和周边的著名学院吧。

适合孩子年龄：6～12岁
游玩重点：乘小舟漫游

亲子旅行资讯

✉ 剑桥西侧和北侧，从三一学院东侧流过

潮爸辣妈提示

到剑桥旅游的最佳时节是每年的3～8月，这时的剑桥气候温和，风光旖旎，适合撑篙游览剑河风光。剑桥的许多地方节庆也集中在这段时间，如每年3月中旬举办的剑桥大学科技节、每年7月末举办的剑桥民歌艺术节等。

三一学院

三一学院（Trinity College）是剑桥大学所有学院中公认的最大、最富裕、最具实力的学院，由英国国王亨利八世于1546年创立。学院里风格独特的大门和让人惊叹不已的巨大庭院，很适合带孩子去观赏一下。三一学院大门入口处屹立着亨利八世雕像，威严的国王左手托着一个象征王位、顶上带有十字架的金色圆球，右手却举着一根椅子腿，孩子们看了一定会捧腹大笑吧。在学院的礼拜堂有牛顿、培根等人的真人比例雕像。据说学院大门右侧草坪中的那棵苹果树，就是当年掉下苹果砸中牛顿脑袋，启发他发现万有引力定律的树。

亲子旅行资讯

- Trinity College, Cambridge
- 从Drummer Street汽车站步行10分钟即到
- www.trin.cam.ac.uk
- 3英镑
- 每天10:00～17:00；其中6月17日至6月23日、6月30日、10月1日至10月4日、圣诞节当天不对外开放
- 01223-338400

潮爸辣妈提示

三一学院毗邻剑河，在这里你可以参加剑河"撑篙"游览活动，8英镑/小时，押金30英镑/船，但你必须在17:00前返回出发点，不能租船在外过夜。

王后学院

在国王学院南侧便是王后学院（Queen's College），由亨利六世的女王玛格丽特和爱德华四世的女王伍德维尔共同捐资建立，并因此而得名。王后学院本身不大，却横跨剑河而立，并由举世闻名的数学桥连接剑河两岸的建筑。王后学院有着剑桥最优美的风景之一，特别是剑河西畔的部分青翠满园，幽美异常。学院内建于15世纪的伊拉斯谟斯塔，建于16世纪中期的都铎式中庭等建筑，都值得观赏。

适合孩子年龄: 6～12岁
游玩重点: 在优美的学院漫步、看故事多多的数学桥

数学桥

数学桥（Methematical Bridge）又名牛顿桥，是一座古老的木桥。相传是牛顿在剑桥教书时亲自设计并建造的。而实际上，这座桥是由詹姆斯·小埃塞克斯根据埃斯里奇的设计建造的。整个桥体原本未用一根钉子和螺丝固定，后来，女王学院的学生为探究这座桥的奥秘，把它拆开剖析，但却无法复原，只好用钉子重新固定成现在的样子。

亲子旅行资讯

✉ Silver Street, Cambridge
🚌 乘坐1、UNI4路巴士在opp Queens' College站下
🌐 www.queens.cam.ac.uk
💷 3英镑（11月至次年3月免费），儿童免费
📅 4月1日至9月30日10:00～16:30，10月1日至3月30日10:00～16:00，其中4月20日至5月8、5月18至6月20日、6月25日、7月2日和3日不开放
☎ 01223-331944

国王学院 ◇◇◇◇◇◇◇◇◇◇◇◇◇◇◇◇◇◇◇◇◇◇

国王学院（King's College）成立于1441年，由英国国王亨利六世创建，并因此而得名。在学院的草地中央，还立着亨利六世的青铜纪念像。国王学院是剑桥大学内最有名的学院之一，建筑宏伟壮观，其中最著名的当属学院的礼拜堂了，这个礼拜堂也是由国王亲自设计，修建了近100年才完工。国王学院的主要入口是雄伟的19世纪哥特式门楼。在学院内，还有刻有徐志摩《再别康桥》里诗句的一块白色大理碑。

亲子旅行资讯

✉ King's Parade, Cambridge

🚌 乘坐1、UNI4路巴士在opp Queens' College站下，穿过皇后学院即到

🌐 www.kings.cam.ac.uk

💷 成人9英镑，学生及儿童6英镑

🗓 开学期间周一到周五9:30～15:30，周六9:30～15:15，周日13:15～14:30；假期期间周一到周六9:30～16:30，周日9:30～15:30

☎ 01223-331212

国王礼拜堂

国王礼拜堂里面以22座扶壁支撑的扇形拱顶天花板、以圣经故事为背景的16世纪彩色玻璃窗、都铎式木工屏隔等，都非常漂亮。礼拜堂高耸的尖塔和恢宏的哥特建筑风格已经成为整个剑桥的标志。

圣约翰学院

　　圣约翰学院（St. John's College）建于1511年，由王后玛格丽特·博福特创建。这个学院为剑桥第二大学院，其校舍大多建于16、17世纪，多是都铎式风格。学院有一座建于1514年的角塔砖石门楼，上面有彩色纹章标志，被誉为剑桥城内最美的大门之一。学院有前庭、中庭和后庭等5座庭院，经过中庭便能来到剑河河畔。在这里能找到两座桥，一座是建于1712年的厨房桥，另一座就是著名的叹息桥。

适合孩子年龄：6～12岁
游玩重点：看漂亮的大门、去叹息桥

叹息桥

　　叹息桥是剑桥的一大胜景，建于1831年，跨越在剑河上，连接了圣约翰学院的旧庭与新庭。据说，因为剑桥的考试太难，每到考试季节，总会有学子在此"唉声叹气"，这座桥也因此得名。然而实际上是因为它类似于意大利威尼斯的一座名为叹息桥的廊桥而得名。

亲子旅行资讯

✉ St. John's Street, Cambridge

🚌 乘坐1、1A、2、5、77等路巴士在Bridge Street 站下即到

🌐 www.joh.cam.ac.uk

💰 成人8英镑，12～16岁青少年5英镑，12岁以下儿童免费

📅 3～10月10:00～17:00，11月至次年2月10:00～15:30

☎ 01223-338606

167

帝国战争博物馆

　　帝国战争博物馆（Imperial War Museum）是英格兰一系列同类型博物馆的统称，位于剑桥附近Duxford的这座成立于1976年。1978年，一艘名为"HMS Belfast"、排水量11500吨巡洋舰加入了这个博物馆，这艘巡洋舰可以追溯到"二战"时期。博物馆有众多从两次世界大战直到20世纪六七十年代的各式飞机，共有8个规模庞大的展厅。宽敞的飞机场展现了从俯冲轰炸机到双翼飞机、喷火式战斗机和活塞式飞机等各式机型。博物馆还提供很多适合孩子的互动项目，如操纵火箭发射器及飞行模拟器等。

亲子旅行资讯

✉ Imperial War Museum Duxford, Cambridge

🚌 乘坐C7路巴士在终点站Duxford War Museum站下即到（约30分钟1班，周日班次较少）

🌐 www.iwm.org.uk/visits/iwm-duxford

💷 17.5英镑

🕙 10:00～18:00

☎ 01223-835000

潮爸辣妈提示

　　博物馆在每年的6、7月举办飞行表演，到时飞行员会驾驶着一些老式飞机冲上蓝天，也可以与飞行员一起挑战蓝天，不过费用很贵。具体表演时间可以参考官网。

费兹威廉博物馆

　　费兹威廉博物馆（Fitzwilliam Museum）是剑桥大学一个艺术和考古博物馆，也是全球闻名的大学博物馆之一。这座博物馆建于1816年，由爱尔兰的Richard FitzWilliam爵士捐助建立。博物馆分为考古区、实用艺术区、硬币和纪念章区、手稿和印刷书区等5个展览区。博物馆的展品收藏有许多古埃及、古希腊和古罗马、古波斯的文物。此外，在硬币和纪念章区有很多很有意思的纪念章，可以带孩子一览。

适合孩子年龄：6～12岁
游玩重点：去非常有意思的硬币和纪念章区

亲子旅行资讯

✉ Trumpington Street, Cambridge

🚌 乘坐UNI4、88路巴士在o/s Fitzwilliam Museum站下即到

@ www.fitzmuseum.cam.ac.uk

💲 免费

📅 周二至周六10:00～17:00；周日和银行假日12:00～17:00

☎ 01223-332900

考古和人类学博物馆

剑桥大学考古和人类学博物馆（Museum of Archaeology and Anthropology）建于1884年，有3层楼，是剑桥博物馆里比较大的。这里的展品涵盖了人类历史的各个阶段，其中最古老的展品是在约180万年前的奥多维遗址中发掘的石器。除了展示人类的古代生活，这里还展示了现代人的生活面貌，如现代原住民的社区等。博物馆里还有一个纪念品商店，里面出售各种与人类学相关的小玩意。

适合孩子年龄：6～12岁
游玩重点：古生活展示区、购买纪念品

亲子旅行资讯

✉ Downing Street, Cambridge
🚌 乘坐88路巴士在near St. Andrew's Street下
e www.maa.cam.ac.uk
💲 免费
🕐 周二至周六10:30～16:30，周日12:00～16:30
☎ 01223-333516

剑桥其他景点推荐

中文名称	英文名称	地址	网址
彼得学院	Peterhouse College	Trumpington Street, Cambridge	www.pet.cam.ac.uk
大圣玛利亚教堂	Great St. Mary's Church	Senate House Hill, Cambridge	www.gsm.cam.ac.uk
克莱尔学院	Clare College	Trinity Lane, Cambridge	www.clare.cam.ac.uk
科珀斯克里斯蒂学院	Corpus Christi College	Trumpington Street, Cambridge	www.corpus.cam.ac.uk
伊曼纽尔学院	Emmanuel College	Saint Andrew's Street, Cambridge	www.emma.cam.ac.uk
剑桥大学图书馆	Cambridge University Library	West Road,Cambridge	www.lib.cam.ac.uk
哈默顿学院	Homerton College	Hills Road,Cambridge	www.homerton.cam.ac.uk
剑桥大学植物园	Cambridge University Botanic Garden	1 Brookside,Cambridge	www.botanic.cam.ac.uk
悉尼苏塞克斯学院	Sidney Sussex College	Sidney Street,Cambridge	www.sid.cam.ac.uk
麦格达伦学院	Magdalene College	Magdalene Street, Cambridge	www.magd.cam.ac.uk

跟孩子吃什么

　　剑桥与牛津相似，因为有来自世界各地的学生，所以这里的美食也是多种多样。相较牛津而言，剑桥来自世界各地的学生较多，所以各国美食也更为丰富，如日本料理、希腊菜、印度菜、中国菜等都比较容易找到。剑桥还汇集了英国各地尤其是英格兰的美食。所以在剑桥游玩，爸妈和孩子有很多选择。剑桥大学的每所学院每周都有1～2次正餐时间，如果你能有学院的老师或学生引荐，也可以参加此类宴会。

剑桥的特色美食

　　和牛津相似，剑桥也是由于学生众多而汇集了"万国美食"，同时还汇集了来自英国各地的正宗美食，如英式早餐、烤牛排等。在剑桥不能不吃的是一种叫作Trifle的蛋糕，很受学生们欢迎。

● Trifle蛋糕

　　Trifle蛋糕是英国圣诞节的传统甜品，通常由水果、蛋糕或饼干以及奶油一层一层地叠加做成的。Trifle蛋糕的独特之处在于每一层都有不同的味道，各种滋味融合在一起，非常美妙。另外这种蛋糕造型非常漂亮，很招孩子们喜欢。

孩子最喜欢的餐厅

　　相较牛津而言，剑桥的餐厅更显现代、时尚。由于主要服务于学生，这里有很多酒吧和快餐厅，主营各国美食的餐厅也遍布各地。剑桥的中餐馆要比牛津多，如果孩子吃不惯国外食品，到中餐馆尝尝家乡菜也不错。

● 仲夏之家

仲夏之家（Midsummer House）是剑桥一家非常高档的餐厅。在2014年由著名美食网站"到到网"主办的"旅行者之选世界最佳餐厅"活动获奖名单中榜上有名。这家餐厅由著名大厨、运用最时令食材、专注于做最自然的美食。餐厅外面的风景也很不错，可以一边享受美食一边欣赏风景。

■ 地址：Midsummer Common, Cambridge
■ 交通：乘坐Citi4、95路公交车在opp Victoria Road站下车，步行前往
■ 网址：www.midsummerhouse.co.uk
■ 电话：01223-369299

● 天天美食

天天美食（Seven Days）位于唐宁学院旁边，是一家非常正宗的中餐厅，里面的川菜很受欢迎，甚至吸引了不少外国游客和英国当地人前去就餐。餐厅二楼的自助火锅，味道非常美味。霍金曾来此就餐，并为其"自创了"一个菜品"霍金土豆片"，可以一尝。

■ 地址：66 Regent Street, Cambridge
■ 交通：乘坐5、16A、18等路巴士在opp Downing College站下即到
■ 营业时间：12:00～15:00，17:30～22:30
■ 电话：01223-309559

● 纳迪娅的糕点

纳迪娅的糕点（Nadia's Patisserie）是当地一家很受欢迎的面包店，供应非常可口的面包和糕点。这里能购买到面包卷、长棍面包，以及美味的Trifle蛋糕。

■ 地址：16 Silver Street, Cambridge
■ 交通：乘坐UNI4路巴士在opp Queens' College站下，东行约100米即到
■ 营业时间：8:00～17:00
■ 电话：01223-568334

剑桥其他餐厅推荐

中文名称	英文名称	地址	电话
港式小厨	HK Fusion	21 Burleigh Street, Cambridge	01223-355909
乡下人餐厅	Clowns	54 king Street, Cambridge	01223-355711
彩虹素食馆	Rainbow Vegetarian Cafe	9A King's Parade , Cambridge	01223-321551
比萨快餐店	Pizza Express Restaurants	5-7 Jesus Ln, Cambridge	01223-324033
旅行者休闲卫士餐厅	Travellers Rest Beefeater	Huntingdon Rd., Girton, Cambridge	01223-276182

和孩子住哪里

剑桥每年都会吸引大量游客前来，为游客服务的各种住宿地比较多，从星级酒店、普通宾馆到B&B酒店、青年旅舍都能找到。切斯特顿路（Chesterton Rd.）上集聚了很多高档酒店和B&B酒店；泰尼森路（Tenison Rd.）上也有几家B&B分布；在7～9月学校放假期间，你也可以和孩子住在闲置的学生公寓中，可通过剑桥旅游咨询中心查询预订。相较而言，剑桥高档酒店住宿费用非常贵，而B&B酒店则比较实惠。需要注意的是，这里的酒店对于儿童的年龄多有限制，并且多按照成人标准收费。

● 剑桥城大酒店

剑桥城大酒店（Cambridge City Hotel）位于剑桥市中心，距离国王学院仅5分钟的路程。酒店拥有现代化客房，设备齐全，还设有一间餐厅、一间爱尔兰酒馆、健身房和桑拿浴室。客人可以在餐厅享国际美食。酒店对所有额外入住的年龄较大的儿童，使用现有床铺每晚收费15英镑，比较实惠 ，如果携带1名6岁以下的儿童入住则免费。

■ **地址：** 20 Downing Street, Cambridge
■ **网址：** www.cambridgecityhotel.co.uk
■ **电话：** 01223-464491

● 阿伦德尔官邸酒店

阿伦德尔官邸酒店（Arundel House Hotel）位于剑河旁边，周围景色幽美。这家维多利亚风格的酒店，拥有带传统装饰的优雅客房，还设有一家明亮而通风的温室餐厅，供应现代欧洲美食。酒店每日提供丰盛的熟食早餐，里面的小酒馆供应清淡的午餐和下午茶。

■ **地址：** Chesterton Road, Cambridge
■ **网址：** www.arundelhousehotels.co.uk/cambridge/index.php
■ **电话：** 01223-367701

● 树莓B&B旅馆

树莓B&B旅馆（The Brambles B&B）位于剑桥的黄金地段，毗邻市区内的各大主要景点。旅馆的客房舒适温馨，里面有比较齐全的服务设施。酒店有专门为入住客人准备的花园和高尔夫球场。

- 地址：Green End, Cambridge
- 网址：www.thebramblesbandb.co.uk
- 电话：01223-861443

剑桥其他住宿推荐

中文名称	英文名称	地址	网址	电话	费用
摄政酒店	Regent Hotel	41 Regent Street, Cambridge	www.regent hotel.co.uk	01223-351470	约146英镑起
贝斯特韦斯特龚维勒酒店	Best Western The Gonville Hotel	Gonville Place, Cambridge	www.gonvilleho tel.co.uk	01223-366611	约145英镑起
剑桥智选假日酒店	Holiday Inn Express Cambridge	Coldhams Business Park, 15–17 Norman Way, Cambridge	www.ihg.com/holidayin nexpr ess/hotels/gb/en/cambridge/cbgcc/hoteldetail	0871-9021605	约99英镑起
柯克伍德酒店	Kirkwood House	172 Chesterton Road, Cambridge	www.kirkwood house.co.uk	01223-306283	约54英镑起

给孩子买什么

作为一个大学城，剑桥的购物地有很多，在这里能够买到很多让孩子欢心的东西。剑桥的街边有很多卖巧克力、糖果的商店，种类很多，包装也很精美。剑桥也有很多出售各种艺术纪念品的小店，精致的珠宝、玻璃工艺品、小雕塑等都可以给孩子买些。在这里最值得给孩子买的就是被称为"剑桥包"的英国书包，其创始人Julie Deane就是剑桥人，这里的剑桥包绝对正宗，也有多种成人款可供选择。

孩子们的购物乐园

在剑桥购物注重一个"淘"字。在各个学院穿梭游玩的时候，说不定会在不经意间发现一个吸引人眼球的小店。剑桥有众多大小不一的博物馆，很多博物馆内都有售卖纪念品的小店，里面有很多孩子感兴趣的小玩意。如果在剑桥集中购物，可选择去位于国王学院旁边的剑桥市场看看，这里卖的东西五花八门，出售很多当地的手工艺品、首饰。这个市场上还经常有表演，边逛街边看表演也不错。

不可错过的购物地

剑桥购物的地方不少，大到大型的购物中心，小至独具特色的精品店都有很多。剑桥主要的商业街是国王路，街上有很多市场、超市，以及出售旅游纪念品、艺术品的各类商店。剑桥的商店一般都在周一到周六营业，周日休息，但也有一些小商店在周日开放。在周末，米尔街（Mill St.）和摄政街（Regent Terrace）等地有一些跳蚤市场，可以去里面淘淘货。

● 剑桥开放天空购物中心

剑桥开放天空购物中心（Open Air Cambridge）位于市中心，这里有Mountain Hardware、Salomon Teva、Meindl、Macpac、Lowe Alpine等品牌的专卖店。商品风格比较休闲，所有的服饰、鞋类多以耐用和舒适为宗旨，喜爱休闲运动类商品的游客可以到这里扫扫货。

■ **地址：** 11 Green Street, Cambridge
■ **网址：** www.openair.co.uk
■ **电话：** 01223-324666

● 新市场路商业区

新市场路（New Market Road）是剑桥一条著名的商业街，有很多世界著名的连锁零售超市，如PC World、Office World、Argos、Boots等，出售的商品既有食品、生活用品、服装，也有一些电子产品和纪念品店。值得一提的是剑桥最大的两个超市之一的Tesco也设在这里。

■ **地址：** New Market Road, Cambridge
■ **交通：** 乘坐10、12、77等路巴士在o/s Retail Park站下即到Tesco超市

● 格拉夫顿购物中心

格拉夫顿购物中心（Grafton Centre）位于剑桥东部。这个大型的购物中心集中了很多英国本地的品牌和欧洲的一些著名品牌，出售的商品非常丰富，包括日用品、时尚服饰、首饰等。购物中心内还有美食餐厅，逛累了可以在这里休息一下。

■ **地址：** Grafton Centre, Cambridge
■ **交通：** 乘坐17、99路巴士在Grafton Centre站下
■ **开放时间：** 周一、周二、周四、周五9:00～17:00，周三9:00～20:00，周六9:00～18:00，周日9:00～17:00
■ **网址：** www.graftoncentre.co.uk
■ **电话：** 01223-316201

剑桥其他购物地推荐

名称	特色	地址	电话	开放时间
大拱廊购物中心（Grand Arcade）	这个购物中心于2008年开放，里面有各个品牌的服装店、数码产品店、John Lewis百货商店，同时还有咖啡馆	Saint Andrew's Street, Cambridge	01223-302601	周一至周五9:00～18:00，周六9:00～20:00，周日11:00～17:00
Primavera手工艺品店	这家手工艺品店位于剑桥中心，出售各种装饰品及旅游纪念品	10 King's Parade, Cambridge	01223-357708	周一至周六10:00～17:30，周日11:00～17:00

在剑桥的出行

剑桥市虽然比较小，但是公共交通比较完善，交通工具有巴士、自行车、出租车、小船等。在剑桥旅行，一定要在剑河上乘坐小船游览，那时所见到的风景将会是你在英国之行中见到的最美妙的。

巴士

剑桥巴士总站设在市中心的Drummer Street上，这里提供许多专线巴士前往剑桥郊区。在乘坐巴士前你可以到巴士总站（电话01223-717740）了解一些具体的信息。你也可以到剑桥旅游咨询中心（Cambridge Tourist Information Centre，www.visitcambridge.org）购买一张票价为3英镑的旅行车票，凭这张票可在一天内随意乘坐剑桥市内的巴士。

剑桥还有专门的城市观光巴士（City Sightseeing Bus），每50分钟一趟，全程1小时。

UNI4大学巴士是运行于剑桥各个小区的巴士，相当于剑桥大学的校车，其运行路线从Addenbrooke's医院出发，沿Hills Road往北，转入Trumpinton Road，经过Trmpinton Street和Silver Street，通过Sidgwick人文校区和大学图书馆进入Grange Road，再北上Madingley Road，终点是剑桥西部校区。这条巴士路线几乎贯穿了剑桥大学所有的主要校区，运行时间为周一到周五7:00～19:00，每20分钟一趟，节假日的运行时间有所调整。

出租车

在剑桥，可以在路边直接乘坐出租车，也可以电话叫车，推荐几家支持电话叫车的出租车公司：United Taxis电话01223-313131，Diamond电话01223-523523，Panther电话01223-715715，Andy Cabs电话01223-571144。

剑桥有专门的出租车候车点，比较方便的候车点有剑桥火车站门口（Railway Station）、剑桥长途汽车站对面（Drummer Street）、基督教堂学院正门对面（StAndrew's Street）。

游船

剑河是剑桥的必游之地，乘游船逛剑河是大多数人去剑桥游玩的必要活动。你可以到米尔码头租赁小艇或参与团队游，每小时约10英镑左右。剑河上游主要是自然风光，下游主要有剑桥大学校园即后园景观（The College Backs），在当地租船漂流时，船主会问"Granta or Colleges"，其中"Granta"表明去上游，而"Colleges"则表明去下游。

自行车

剑桥城市比较小，有时候乘巴士并不是那么灵活自由，而租一辆自行车行走在各个景点之间相对来说会更方便一些。你可先到剑桥旅游咨询中心领取一个租借自行车的清单，上面标有各类车型、价格和租借的场所。这里推荐City Cycle Hire（61 Newnham Rd., www.citycyclehire.com）和Station Cycles – Grand Arcade（Corn Exchange Street, www.stationcycles.co.uk）两个自行车出租公司。租自行车游玩时，需注意保管好自己所租的自行车；带孩子骑自行车不太方便，只可以作为辅助的交通工具。

节日游

　　"那河畔的金柳，是夕阳中的新娘，波光里的艳影，在我的心头荡漾……"读着徐志摩《再别康桥》里的优美诗句，欣赏剑桥柔波里的水草、皇后学院那青翠风光、圣约翰学院的优美庭院……这一切共同构成了剑桥的浪漫氛围。

　　剑桥是浪漫的，也是文艺的，徐志摩的一首《再别康桥》就是在剑桥自然风光和文艺气息共同滋润下诞生的绝美诗篇。作为一个著名的大学，剑桥的文艺气息还体现在它那众多的节庆活动上，如果你恰好赶上那些独特的节日，那么你的剑桥之行会更加完美。

e-Luminate节

　　e-Luminate节是一个以"电子光影"为主题的节日，虽只举办过几届，但已迅速成长为剑桥最受欢迎的节日之一。在2012年亚历山德拉的和休·帕内尔想出了展现"光影扭曲"世界的活动，他们的这个想法来源于自己的小小技术发明，想通过自己的技术手段，以光为基本元素，展现剑桥的艺术生活。

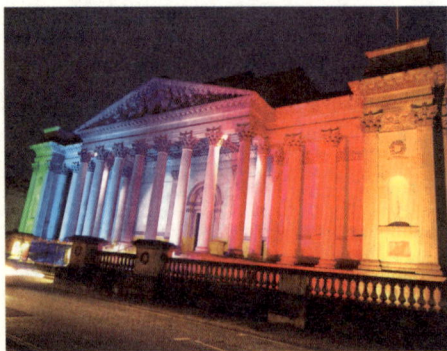

　　2013年，第一届e-Luminate节举办，尽管规模不大但大获成功。2015年的2月11日至15日，第三届e-Luminate节成功举办，活动包括一系列灯光设施展示、家庭活动、讲座和音乐会，热闹异常。仅仅3年时间，e-Luminate节已成为剑桥最值得期待的艺术节之一。节日期间，剑桥古老的建筑将染上溢彩的流光，给人们神奇的光影体验。为了让观众更加身临其境地感受光影艺术的魅力，主办方还会安排一些艺人做现场演出。除了精彩的表演活动，在节日期间内主办方还会准备一些针对小朋友的光学知识进行讲解，教他们灯光的装置艺术知识。如果你能和孩子赶上这个节日，不妨带孩子听听讲解。具体信息，可参考其官方网站www.e-luminatefestivals.co.uk。

剑桥电影节

剑桥电影节（Cambridge Film Festival）始于1977年，是一个历史悠久的电影节，通常在6月举行。剑桥电影节虽不如欧洲三大电影节那般星光璀璨，但也有着自己的特色，那就是给普通民众一个纵情享受电影盛宴的机会。剑桥电影节的目标是向公众展示最优秀的国际电影（当然，电影评选带有学院派眼光）。电影节设有新拍片和重拍片项目，以及儿童短片项目，随着电影节的规模不断扩大，其影响力日渐提高，很多英国电影会选择在这个电影节中进行首映。

在电影节期间，很多电影都是露天播放的，游客可以在剑河边或者学院的草坪上欣赏着高品质的影片，相信这会让你6月的剑桥之行变得格外精彩。

剑桥电影节官方网站：www.cambridgefilmfestival.org.uk。

剑桥科技节

作为一个以理科为主的大学，剑桥的科技实力是毋庸置疑的，这从那些获诺贝尔奖的剑桥人身上也可见一斑。每年3月举办持续约一周的剑桥科技节是体验剑桥人科技实力的最佳机会。在剑桥科技节期间，科学不再是"冷冰冰的数字"，而是一个个可以直观体验的"水晶球"。科技节致力于对普通民众进行科技普及，更有很多针对孩子的科普宣传和活动。科技节期间，剑桥大学的几个大理科院系，也会组织一些丰富多彩的活动。

剑桥莎士比亚戏剧节

莎士比亚在英国乃至世界文学界的地位都不言而喻。莎士比亚在1564年4月23日出生，在1616年4月23日去世，于是英国人把每年的4月23日定为"莎士比亚戏剧节"。每到这天，英国各地都会举办各种活动以纪念这位伟大的剧作家。

不过剑桥莎士比亚戏剧节（Cambridge Shakespeare Festival）是在每年的7月初到8月底"错峰而出"，节日期间，各种露天演出活动轮番上演。莎士比亚的经典剧本如《哈姆雷特》《奥赛罗》《罗密欧与朱丽叶》等都会被搬上舞台，让人们重温这位大师那令人叹为观止的经典作品。剑桥莎士比亚戏剧节是剑桥学生"狂欢"的绝佳机会，也是游客"免费"观赏大师作品的最好时机。每到戏剧节期间，观众会穿上最舒服的衣服，席地而坐，观看演员在露台上真挚而自然的表演。演出的时间一般从傍晚开始，一直持续到深夜，伴随着满天星辰和剑河的潺潺水声观看演出，宛如跨越了几个世纪，有种说不出的美妙。

剑桥的各种活动非常多，基本上贯穿了整个旅游旺季。下面汇集了一些剑桥其他节日的信息。

剑桥其他节日推荐

中文名称	英文名称	举办时间	举办地点
国王学院复活节	King's College Easter Festival	3月底到4月初	国王学院国王礼拜堂
牛津剑桥赛艇比赛	University Boat Race	4月初	泰晤士河上
剑桥啤酒节	Cambridge Beer Festival	5月底	剑桥Jesus Green草坪
剑桥儿童节	Cambridge Children's Festival	6月中旬	剑桥Jesus Green草坪
剑桥草莓节	Cambridge Strawberry Fair	6月中旬	剑桥Midsummer Common草坪
剑桥游乐会	Midsummer Fun Fair	6月底	剑桥Midsummer Common草坪
剑桥夏日音乐节	Cambridge Summer Music Festival	7月中旬到8月初	大学的各种场所
剑桥大学社团展览会	Cambridge University Societies' Fair	10月初	Kelsey Kerridge Sports Hall
剑桥烟花表演	Cambridge Firework Display	11月5日	剑桥Midsummer Common草坪

★ 剑桥省钱大比拼

对孩子优惠的景点

景点名称	孩子玩点	优惠信息	地址
三一学院	看看亨利八世雕像和苹果树	3英镑	Trinity College, Cambridge
剑河	乘游船漂流和参观学院	免费	剑桥西侧和北侧
皇后学院	在优美的学院漫步，去神奇的数学桥	儿童免费	Silver Street, Cambridge
国王学院	去著名的国王礼拜堂	成人9英镑，学生及儿童6英镑	King's Parade, Cambridge
费兹威廉博物馆	非常有意思的硬币和纪念章区	免费	Trumpington Street, Cambridge
考古和人类学博物馆	去生活展示区、购买纪念品	免费	Downing Street, Cambridge
圣体钟	观赏金色蚱蜢样的钟	免费	City Centre, Cambridge

畅游世界，在旅行中成长

带孩子游英国

PART6

带孩子游
曼彻斯特

185 ▶▶ 209

曼彻斯特是英国一座活力四射的现代化工业城市，也是著名的流行音乐之都，激情四射的足球和摇滚乐是这座城市的标志，无论何时何地，曼彻斯特都能让人们感受到这座城市的热情。在以"绅士范"著称的英格兰，曼联的激情显得格外鲜明，也许正是足球和摇滚乐造就了这座城市精彩的精神世界。无论何时何地，红色的曼联和蓝色的曼城、街头的摇滚乐手总能让你感受到这里的独特魅力。

带孩子怎么去

中国到曼彻斯特的航班

带着孩子出行，所在城市有直达目的地的航班几乎是所有父母的需求，目前我国还没有直飞曼彻斯特的航班，但有很多一程中转航班可供选择。游客可以参考下面的信息选择航班。表格中的出发时间以北京时间为准，到达时间是曼彻斯特当地时间。北京时间比曼彻斯特早8小时（标准时差）。

承运公司	航班号	班次	路线	出发时间	到达时间		实际北京时间
南方航空	CZ307、CZ7875	每天均有	广州→阿姆斯特丹→曼彻斯特	00:05	夏令时	10:30	17:30
	CZ307、CZ7955			00:05	冬令时	8:20	16:20
英国航空	BA038、BA1402	每天均有	北京→伦敦→曼彻斯特	11:15	夏令时	19:10	次日2:10
	BA038、BA1398			12:10	冬令时	18:15	次日2:15
荷兰皇家航空	KL896、KL1097	每天均有	上海→阿姆斯特丹→曼彻斯特	12:15	夏令时	21:35	次日4:35
				12:35	冬令时	22:00	次日6:00
	KL4302、KL1081	每天均有	北京→阿姆斯特丹→曼彻斯特	00:50	夏令时	10:30	17:30
	KL4302、KL1073			00:30	冬令时	8:20	16:20

中国到曼彻斯特的部分航班资讯

从机场到曼彻斯特市

曼彻斯特机场（Manchester Airport，简称MAN）是英国的主要机场之一，位于曼彻斯特市西南约17千米处，这里每天都有飞往英国的多个城市及欧洲大陆的航班。曼彻斯特机场有3座航站楼，其中3号航站楼距离1、2号航站楼约有10分钟步行路程。机场网址是www.manchesterairport.co.uk。

曼彻斯特机场至曼彻斯特市的交通

交通方式	英文	介绍	时间/票价
火车	Train	曼彻斯特机场有直达市区皮卡迪利火车站的火车，24小时运行，其中5:00~22:00班次比较频繁，几分钟就有一班	车程15~25分钟，普通车厢票价3.6英镑（非繁忙时段的折扣票1.9~2.9英镑），头等车厢票价约5.1英镑
机场巴士	Airport Bus	乘坐机场巴士可到市内很多地方，可从机场问询台了解相关咨询服务	至市中心约15分钟
出租车	Taxi	在机场到港大厅的外面乘坐，主要出租公司有Avis、Budget、National等	至市中心约30分钟，票价约20英镑

亲子行程百搭

曼彻斯特百搭

曼彻斯特百搭路线示意图

艾伯特广场路线

乘坐39、131等路巴士在 Albert Square (Stop WE) 站下即到曼彻斯特市政厅

❶ 曼彻斯特市政厅 `0.2 小时`

Town Hall

从市政厅出来，沿Albert Square/A6042路走到 Southmill Street，转入西行至Mulberry Street，转入北行，圣玛丽教堂就在Mulberry Street的转弯处。步行约3分钟

❷ 圣玛丽教堂 `0.5 小时`

St. Mary Church

从圣玛丽教堂出来，沿Mulberry Street先西行南行，至东西向的小道后西转，沿之走到Deansgate/A56路，转入东北行即到约翰·瑞兰兹图书馆。步行约3分钟

❸ 约翰·瑞兰兹图书馆 `0.5 小时`

John Rylands Library

从图书馆出来，沿着Deansgate/A56路至Bridge Street/A34路，转入西行至Left Bank，转入即到。步行约5分钟

❹ 民众故事博物馆 `1 小时`

People's History Museum

南部路线

乘坐8、36、39、113等路巴士在Princess Street/Chinatown站下即到曼彻斯特中国城

❶ 曼彻斯特中国城 `2 小时`

Manchester Chinatown

从中国城出来沿着Nicholas Street西北行，曼彻斯特艺术馆就在路的左侧，入口在艺术馆的西北面。步行约3分钟

❷ 曼彻斯特美术馆 `0.5 小时`

Manchester Art Gallery

从美术馆出来，沿着对面的小道一直西南行至Peter Street，转入沿之走到Deansgate/A56路，转入沿之西南走到Liverpool Road/A6143路，沿之西行即到科学与工业博物馆。步行约15分钟

❸ 科学与工业博物馆 `1 小时`

Museum of Science and Industry

北部路线

乘坐曼彻斯特1线巴士在Royal Exchange (Stop Cw)站下即到王家交易所

❶ 王家交易所 `0.5 小时`

Royal Exchange

从王家交易所出来，沿着Exchange Street南行至St. Anns Square路继续南行至与St. Ann Street交汇处即到圣安教堂

❷ 圣安教堂 `0.5 小时`

St. Ann's Church

从圣安教堂出来，沿着St Ann Street西行，跨过Deansgate/A56路，沿着St Mary's St继续西行至尽头即到牧师花园

❸ 牧师花园 `1 小时`

Parsonage Gardens

亮点

1. 科学与工业博物馆：参与生动有趣的展览
2. 艾伯特广场：观赏市政厅和图书馆
3. 老特拉福德球场：小小球迷的狂欢地
4. 曼彻斯特中国城：寻找家的味道
5. 阔里班克纺纱厂：目睹古老的纺纱生产工艺

科学与工业博物馆

科学与工业博物馆（Museum of Science and Industry）是世界著名的科学博物馆之一。这座博物馆由维多利亚时代的仓库和古老的客运火车站组成，展示了工业革命时期曼彻斯特的情形。博物馆中火车站的那部分展馆，是最吸引孩子的地方，火车站保留着原来的样子，老旧的机车停留在站台上，在售票厅还用蜡像复制了当时人们买票乘火车的场景，很有意思。博物馆的展品全是"活的"，工人每天都给机器上油、擦拭，以保证这些老机器都正常运转。

适合孩子年龄： 6～12岁
游玩重点： 火车站部分展览区

亲子旅行资讯
- Liverpool Road, Manchester
- 乘坐2路巴士在Lower Byrom Street站下可到
- www.msimanchester.org.uk
- 免费，特殊展览时收取一定费用
- 10:00～17:00，1月和12月24日至26日关闭
- 0161-8322244

潮爸辣妈提示

博物馆里的纺织厅非常有意思，里面有非常古老的纺织机械，都还能正常运转，在这里能了解棉花是怎么一步一步地变成棉布的，工作人员还会进行相关讲解。

艾伯特广场

艾伯特广场（Albert Square）位于曼彻斯特市中心，以维多利亚女王的丈夫艾伯特命名，是这座城市最受欢迎的景点之一。广场周边有很多漂亮的建筑，如市政厅、约翰·瑞兰兹图书馆、中央图书馆等。曼彻斯特市政厅是广场周围最鲜明的建筑，其80多米高的塔楼直插云霄，非常壮观；约翰·瑞兰兹图书馆位于艾伯特广场西面，是一栋维多利亚哥特式建筑，号称英国最美的图书馆，著名的古腾堡圣经位于图书馆二楼一个透明的水晶盒中。

适合孩子年龄：4～12岁

游玩重点：游览约翰·瑞兰兹图书馆等建筑

亲子旅行资讯

✉ Albert Square, Manchester

🚌 乘坐X40、X41、X43路巴士在 Albert Square站下即到

老特拉福德球场

老特拉福德球场（Old Trafford Stadium）是英超劲旅曼联队的主场，曼联将其作为主场的历史可追溯到1910年。这个球场是全球最为知名的球场之一，享有"梦剧场"的美誉，在色彩运用上追求庄严而又瑰丽的视觉效果，四面和曼联球衣一样耀眼的红色看台是球场的标志。在北面台上由白色座椅拼成了巨大的"MACHESTER UNITED"字样。这座球场各项设施和服务均为世界一流，曾举办过欧锦赛、欧洲冠军联赛决赛、奥运会足球比赛等各类重要比赛。此外，在球场内还有一个曼联博物馆，介绍了曼联所获得的荣誉。

适合孩子年龄：6～12岁
游玩重点：去曼联博物馆、看球赛

三剑客雕塑

球场门口是曼联三剑客——鲍比·查尔顿、丹尼斯·劳和乔治·贝斯特的铜像，正是他们联手，造就了曼联20世纪六七十年代的辉煌战绩。

曼联博物馆

曼联博物馆位于球场北看台，在1994年由贝利剪彩后正式对外开放，详尽记录了从1878年到今天曼联的历史。博物馆由奖杯陈列馆、梦幻画廊和名人殿堂三部分组成，其中梦幻画廊里有历代球星的巨幅照片。

亲子旅行资讯

✉ Sir Matt Busby Way, Stretford, Manchester

🚌 乘坐黄线或绿线有轨电车在Old Trafford站下，北行约500米即到

🌐 www.manutd.com

🎫 博物馆+球场参观，成人18英镑

🕐 9:30～17:00

☎ 0161-8688000

潮爸辣妈提示

团队游在每天9:40～16:30都有，约10分钟1次。球场内有3个纪念品商场，其中最大的一个位于西看台的背后，另外两家分别位于东看台前院的超市球场东北角。它们经营的商品都经过了俱乐部官方授权，品种不断推陈出新，可以在这里给孩子买些纪念品。

191

曼彻斯特中国城

曼彻斯特中国城（Manchester Chinatown）是英格兰北部华人密度最高的社区，其规模在整个英国都是数一数二的。这个社区的建筑以中式为主，各种招牌也都以中文为主，宛如中国国内的小城。中国城内的牌楼非常漂亮，街道非常干净，很适合带着孩子在这里散步，寻找家乡的感觉。中国城里有很多地道的中餐馆，很多人也都会说汉语，因而在这里就餐是一件很轻松的事。

适合孩子年龄： 4~12岁
游玩重点： 欣赏漂亮的牌楼、在这里吃地道的中餐

亲子旅行资讯

✉ 在夏洛特街（Charlotte Street）、波特兰街（Portland Street）、牛津街（Oxford Street）和莫斯利街（Mosley Street）之间

🚌 乘坐8、36、39、113等路巴士在Princess Street/Chinatown站下即到

曼彻斯特美术馆

曼彻斯特美术馆（Manchester Art Gallery）是曼彻斯特最受欢迎的景点之一。这座艺术馆虽规模不大，但藏品比较丰富，品质也很高，不乏一些大师级别的作品。美术馆分新馆和老馆两部分，其中老馆里有特纳的水彩画，新馆则拥有一些英国20世纪的艺术作品，包括弗朗西斯·培根和大卫·霍克尼（David Hockney）等人的佳作。美术馆还经常举办一些和游客互动的有趣活动，可以和孩子一起参加。

适合孩子年龄： 4~12岁
游玩重点： 参与游客互动活动

亲子旅行资讯

✉ Mosley Street, Manchester
🚌 乘坐3路巴士在Chinatown站下
🌐 www.manchestergalleries.org
🆓 免费
🕐 周二至周日10:00 ~ 17:00
☎ 0161-2358888

劳里大楼 ◇◇◇◇◇◇◇◇◇◇◇◇◇◇◇◇◇◇◇◇◇◇◇◇◇◇◇◇◇◇◇

　　劳里大楼（Lowry Outlet）是曼彻斯特一个非常有意思的现代主义大楼，像一艘造型奇特的船停靠在曼彻斯特的North河湾里。这座独特的大楼由英国著名艺术家 L.S.Lowry 设计，并以他的名字命名，大楼里还收藏了他的300多幅画作。劳里大楼是一个巨大的艺术中心，有很多艺术展览，里面的剧院还会不定期举行演出。自2000年开放至今，劳里大楼每年都会吸引上百万的游客前去参观，是曼彻斯特最受欢迎的景点之一。

适合孩子年龄: 6~12岁
游玩重点: 欣赏造型奇特的劳里大楼、看艺术展览

亲子旅行资讯

✉ The Quays,Salford, Manchester
🚌 乘坐Eccles - Ashton-under有轨电车在Media City UK站下，过桥即到
🌐 www.lowryoutlet.co.uk
🆓 成人6英镑，儿童5.5英镑
🕐 周二至周五11:00 ~ 20:00，周六、周日11:00 ~ 18:00
☎ 0161- 8481850

阔里班克纺纱厂

　　阔里班克纺纱厂（Quarry Bank Mill）位于曼彻斯特南面16千米的威尔姆斯洛（Wilmslow），建于18世纪，现在仍在运行中，在这里你可以和孩子一同了解水车生动力驱动纺纱机的原理。这里穿着工作服的导游会讲述当年工人们艰苦的生活状况。纺纱厂四周有很多田野、房屋和教堂，一派祥和的田园风光，在参观完纺纱厂之后，可以到周围散散步。

适合孩子年龄：6～12岁
游玩重点：近距离观察纺纱生产、去周围散步

亲子旅行资讯

✉ Styal Wilmslow, Cheshire
🚌 乘坐200路巴士在nr Quarry Bank Mill 站下即到
☎ 0162-5527468

民众故事博物馆

　　民众故事博物馆（People's History Museum）前身是2001年前的国家劳动史博物馆（National Museum of Labour History）。自2001年更名后，其主要功能未变，还是以收藏、保护和研究与劳动人民历史相关内容为主。博物馆通过众多展品展示了英国过去200多年来，普通

适合孩子年龄：6～12岁
游玩重点：了解英国过去几个世纪普通人的生活

人的家庭生活、工作、休闲的历史故事。博物馆展示的主题包括曾经流行的激进主义、19世纪的工会、妇女选举权运动、码头工人生活、合作社运动等。这里可以说是带孩子了解英国人历史生活、聆听有意思故事的绝佳场所。

✉ Left Bank, Spinningfields, Manchester

🚌 乘坐8、25、38等路巴士在Bridge St/Gartside St 站下即到

🌐 www.phm.org.uk

🕐 10:00～17:00

☎ 0161-8389190

曼彻斯特其他景点推荐

中文名称	英文名称	地址	网址
曼彻斯特市政厅	Town Hall	Albert Square, Manchester	www.manchester.gov.uk
王家交易所	Royal Exchange	St. Ann's Square, Manchester	www.royalexchange.co.uk
牧师花园	Parsonage Gardens	Saint Mary's Parsonage,Manchester	—
曼彻斯特博物馆	Manchester Museum	The University Of Manchester,Oxford Road,Manchester	www.museum.manchester.ac.uk
曼彻斯特大教堂	Manchester Cathedral	Victoria Street, Manchester	www.manchestercathedral.org
圣玛丽教堂	St. Mary Church	Manchester Rd.,Partington, Manchester	—
曼彻斯特犹太博物馆	Manchester Jewish Museum	190 Cheetham Hill Road, Manchester	www.manchesterjewishmuseum.com
国家足球博物馆	National Football Museum	Urbis Building, Cathedral Gardens,Todd Street,Manchester	www.nationalfootballmuseum.com

跟孩子吃什么

曼彻斯特是英国第二大城市，汇聚了众多英国的特色美食。在这里，"本地口味"代表了你所喜爱的任何风格的美食，因为这是一个融合了多民族特色的地方，各地的美食都已在这里落地生根。曼彻斯特作为一个名副其实的美食城，还有来自世界各地的美食任你选。这里华人众多，去中国城里能品尝到不少正宗的中国美食。

带孩子游英国

曼彻斯特的特色美食

曼彻斯特的特色美食包括传统的鱼、炸薯片和豌豆泥，这些传统美食在英国其他地方也很流行。别具现代特色的美食包括湖畔羊肉和腌牛肉、炖杂烩等，是曼彻斯特人的骄傲，里面不乏当地大厨创意独特的烹制方式。此外，曼彻斯特的鲜酿啤酒也非常不错，大人们可以尝一尝。这里有一种非常可口的蛋糕叫"湿内莉"，值得一尝。

● 山羊肉咖喱

山羊肉咖喱的主要原料是山羊肉，配料是洋葱、胡椒粉等。制作

时，将洋葱圈放入黄油锅中炒香，然后加入切成块的山羊肉翻炒，加入些许红酒，水焖煮熟则成，也可加些土豆块。这道菜的味道鲜美醇香，营养丰富，老少皆宜。这道菜还有不少养生作用，可暖胃御寒，增强抵抗力，滋阴壮阳，延年益寿。

孩子最喜欢的餐厅

想吃曼彻斯特最地道的本地菜可以去鲁什尔姆（Rusholme）的Wilmslow路（俗称Curry Mile），这条路上还聚集了众多印度餐厅和巴基斯坦餐厅。在曼彻斯特不用刻意去寻找餐厅，很多街头小吃店都非常不错，很受当地人和游客欢迎。对于吃不惯国外食物的中国游客来说，去中国城再好不过了，这里有众多中国餐馆和泰国、日本等亚洲餐厅，尤其是中餐的味道绝对一流。

● 山姆小餐馆

山姆小餐馆（Sam's Chop House）

是一家从1872年就开始营业的餐厅，提供传统而正宗的英国美食。餐厅内很有艺术气息，装饰有精美的地毯和暖色的吊灯，很适合一家人前来就餐。这家餐厅的食物口味非常正宗，既富有英国本地的特色，又创意独特。

■ 地址：Chapel Walks, Back Pool Fold, Manchester
■ 网址：www.samschophouse.co.uk
■ 电话：0161-8343210

● 现龙和之美日本料理

现龙和之美日本料理（Wasabi Sushi）是著名的连锁式日本餐厅，位于曼彻斯特的这家充满了英伦式的优雅氛围。店里的日本料理很正宗，各种海鲜刺身很美味。这里的面食也非常好吃，价格也较实惠。

■ 地址：63 Faulkner Streeet, Manchester
■ 网址：www.wasabisushi.co.uk
■ 电话：0161-2287288

● 你好小蛋糕店

这是一家坐落在曼彻斯特市中心的蛋糕茶坊。店内不论是装饰还是布局，都让人觉得很舒适。蛋糕店里的蛋糕精致可爱，很讨孩子们欢心。这里的蛋糕比较便宜，即使造型非常精致的也大约只要3英镑。

■ 地址：Hardman Street Spinning-fields, 3 Hardman Street, Manchester
■ 网址：www.heylittlecupcake.co.uk
■ 电话：0161-8320260

● 红辣椒京川菜餐厅

红辣椒京川菜餐厅（Red Chilli）是中国城里非常有名的一家中餐馆，主营京菜和川菜。这家餐厅的装潢不错，以红绿色调为主，餐馆也比较宽敞，在这里就餐让人感觉非常舒适。餐厅里的烤鸭和夫妻肺片味道都很棒，值得一尝。

■ 地址：70-72 Portland Street, Manchester
■ 网址：www.redchillirestaurant.co.uk
■ 电话：0161-2362888

曼彻斯特其他餐厅推荐			
中文名称	英文名称	地址	电话
羊城	Yang Sing	34 Princess Street, Manchester	0161-2362200
饭面档	Fuzion Noodle Bar	264 Wilmslow Road, Fallowfield, Manchester	0161-2486688
雅苑餐厅	Pacific Restaurant	58-60 George Street, Manchester	0161-2286668
63度餐厅	63 Degrees	104 High Street, Manchester	0161-8325438

和孩子住哪里

　　曼彻斯特是一个国际化的大都市，住宿地选择很多，高档时尚的星级酒店、经济实惠的旅馆、方便快捷的B&B都很容易找到。曼彻斯特也有很多家庭旅馆，虽然规模一般都不大，但是设备齐全，而且舒适温馨，比较适合想节省费用的游客入住。此外，还可住在Travel Lodge一类的连锁酒店。7月和8月是旅游旺季，而8月至次年5月又是当地足球赛事最密集的时候，比较好的住宿地往往会爆满，所以，最好先在网上提前预订。

带孩子游英国

● 曼彻斯特爱德华丽笙酒店

　　曼彻斯特爱德华丽笙酒店（Radisson Blu Edwardian Manchester）地处曼彻斯特市中心，对面是曼彻斯特中央会议中心。距离皮卡迪利火车站也仅有约10分钟的步行路程，出行十分便利。这家酒店外观漂亮，酒店内SPA、游泳池、健身房等一应俱全。酒店餐厅还供应各种精致的美食。

■ 地址：Free Trade Hall, Peter Street, Manchester
■ 网址：www.radissonblu–edwardian.com
■ 电话：0161–8359929

● 曼彻斯特莱特公寓式酒店

　　曼彻斯特莱特公寓式酒店（The Light Aparthotel Manchester）位于市中心，有一个健身房和一间酒吧。酒店旁边是著名的63°（63 Degrees）法式餐厅，对面有Affleck's Palac市场，就餐、购物都非常方便。所有额外入住的2岁以下的儿童，使用现有床铺不收费。

■ 地址：20 Church Street, Manchester
■ 网址：www.thelight.co.uk
■ 电话：0161–8394848

● 大不列颠萨查斯酒店

大不列颠萨查斯酒店（Britannia Sachas Hotel）是曼彻斯特市中心一家非常著名的酒店，所有客房均拥有淡雅的现代化装潢。酒店设有2间餐厅以及1个带游泳池和热水浴池的健身俱乐部。酒店里的Overstuffed Pizzeria餐厅供应意大利美食和自制比萨；Jenny's Restaurant餐厅则供应传统英式菜肴。

■ 地址：Back Piccadilly,Manchester
■ 网址：www.britanniahotels.com
■ 电话：0871-2220018

● 花旗公园酒店

花旗公园酒店（Citi Park Hotel）是一家经过改建的维多利亚式小酒店，靠近大卫路易斯娱乐场（David Lewis Recreation Grounds），很适合带孩子入住，价格也非常实惠。入住后可使用网球场或篮球场休闲放松，也可以在乡间般美景里漫步。父母可参观美丽的湖泊和渔场，而孩子们则可在游乐区愉快玩耍。

■ 地址：884 Rochdale Road, Manchester
■ 网址：emea.littlehotelier.com
■ 电话：0161-6378860

曼彻斯特其他住宿推荐

中文名称	英文名称	地址	网址	电话	费用
梦想之家酒店	Dreamhouse Apartments	2 Bloom Street, Manchester	www.dreamhouse apartments.com	0845-2260232	约136英镑起
埃特洛普农庄酒店	Etrop Grange Hotel	Thorley Lane Wythenshawe, Manchester	www.etrophotel.co.uk	0161-4990500	约99英镑起
曼彻斯特丁斯盖特希尔顿酒店	Hilton Manchester Deansgate	303 Deansgate, Manchester	www.hilton.com	0161-8701600	约94英镑起
作品公寓酒店	The Works Aparthotel	33 Withy Grove, Manchester	www.theworksa partmenthotel.com	0800-6785854	约83英镑起
曼彻斯特国敦酒店	Copthorne Hotel Manchester	Clippers Quay Salford Quays, Manchester	www.millennium hotels.co.uk	0161-8737321	约55英镑起

给孩子买什么

曼彻斯特是一个激情四射、活力无限的城市，足球和摇滚乐是这座城市的标志，曼联和曼城两大英超劲旅在这里雄踞。如果孩子是个小小足球迷，那么买些相关纪念品是必不可少的，如曼联和曼城的徽章、球衣、球鞋等都是不错的选择。在曼彻斯特，你会发现很多1英镑商店，这些店里出售的物品价格在1英镑左右，从中可发现不少适合孩子们的小玩具。在给孩子购物时，大人也可以去品牌店和大商场扫扫货。

孩子们的购物乐园

对于孩子们来说，热闹的老特拉福德球场无疑是他们玩乐的天堂（运气好的话，还可以看一场"红魔"曼联的比赛）。在球场附近的特拉福德中心（Trafford Center）是英国最大的室内购物广场之一，云集了众多国际和英国国内品牌，并且有多家餐厅和各种娱乐设施。这个将购物、休闲、娱乐完美结合的地方，是一家人游玩的天堂。乘坐250或X50路在终点站下即可到特拉福德中心，其电话是0161-7491717，网址是www.intu.co.uk。

不可错过的购物地

曼彻斯特作为一个名副其实的购物天堂，购物中心、百货商店、精品小店应有尽有。在这些地方能够买到不少英国特产，当然还有这个城市必不可少的足球纪念品。曼彻斯特也是英国仅次于伦敦的商业城市，各种商业街规模比较大，购物地在市中心也非常多，主要集中在君王路（King Street）、圣安妮广场（St. Ann's Square）、市场路（Market Street）等地，其中圣安妮广场周围有很多高级商场，以及大量时装设计师专门店和时装精品店；市场路（Market Street）有受人喜爱的英国品牌商品。曼彻斯特的大多数商场都是每周7天营业，大多数店铺都会营业到22:00，而且商品也比较实惠。

● 哈维·尼克斯百货

哈维·尼克斯百货（Harvey Nichols）是英国著名的高级连锁百货公司，位于曼彻斯特的这家在阿黛尔购物中心对面。哈维·尼克斯百货专营各种国际名牌奢侈品，是当地时尚的风向标，如果你是一个时尚达人，可以在这里购买自己喜欢的奢侈品。这里时常有打折时间，可以到官网了解相关信息。

■ 地址：21 Cathedral Approach, Manchester
■ 网址：www.harveynichols.com
■ 电话：0161-8288888

● 阿黛利购物中心

阿黛利购物中心（Manchester Arndale Shopping Centre）是曼彻斯特市中心一家著名的购物中心，也是购买品牌商品的绝好去处。这里聚集了欧洲的各色名牌和很多英国本地品牌，无论是服装、首饰，还是孩子们喜欢的手工艺品、玩具等，都可轻松找到。

■ 地址：Market Street, Manchester
■ 网址：www.manchesterarndale.com
■ 电话：0161-8339851

● 北角

　　曼彻斯特北角（Northern Quarter）是一个颇具文化气息的购物区域。这里有很多小店，店内不论是装饰还是售卖的商品都充满了设计感，展现了"曼彻斯特式"的文化创造力。北角的"艺术家村"和"唱碟交换"是著名二手唱片店，非常值得一去。另外在这里的小商品购物中心Afflecks Palace也能淘到很多奇特的东西。

■ **地址**：Northern Quarter, Manchester
■ **交通**：乘坐有轨电车在Market Street站下即到北角区域

曼彻斯特其他购物地推荐

名称	特色	地址	电话	开放时间
塞尔福里奇百货公司（Selfridges）	这里的化妆用品厅中陈列着最负盛名的系列化妆用品，商场一层有香奈儿、爱马仕等奢侈品，而名表廊囊括了来自卡地亚等品牌名表	1,Exchange Square Central, High St.,Manchester	0800-123400	周一至周日9:00~22:00
劳里奥特莱特购物中心（Lowry Outlet）	位于萨尔福德码头区，是一家大型名牌折扣购物中心，其折扣力度非常大，有时低至3折	The Quays Salford Quays Salford, Manchester	0161 8481850	周一至周五10:00~18:00（周四延迟至20:00），周六10:00~19:00，周日10:00~17:00

在曼彻斯特的出行

作为英国第二大城市，曼彻斯特市内的公共交通非常发达，有巴士、城市铁路、地铁、有轨电车等。曼彻斯特的公共交通以巴士为主，覆盖广、密度也很高，能够满足人们的出行需求。在曼彻斯特出行，建议购买当天的巴士、火车和电车的一日通行票，这种票比买单程票便宜很多。如果想查询曼彻斯特的交通信息，了解夜间巴士的情况，可前往Travelshop（地址：9 Portlan Street,d Piccadilly Garden；电话0161-2287811）咨询。

巴士

巴士是曼彻斯特市内主要的交通工具，由First或Stagecoach公司运营，很多巴士的起点都在皮卡迪利花园（Piccadilly Garden）。

游客可乘坐免费的中心线4路巴士，其环城一周，经过艾伯特广场、前自由交易所（现在是个酒店）、G-Mex展览活动中心、市政厅、曼彻斯特大教堂等景点，途中还可随意下车。

"曼彻斯特摇滚之旅"（Manchester Rock Tour）是一条专门的旅游巴士路线，可以在圣彼得广场的旅游中心预订。这个巴士非常有趣，乘坐一圈，可以了解20世纪70年代的"快乐部"乐队，80年代的"史密斯""新秩序""石头玫瑰""快乐星期一"，90年代的"接招""绿洲"等著名摇滚乐队的成长历程。

城市铁路

曼彻斯特的城市铁路历史悠久，至今还承担着一部分市内交通，还有轻铁系统连接市内各区。城市铁路的票价和公共汽车差不多，多通向城市中心和城市周边的重要地区，在维多利亚、索尔福德、丁斯盖特、牛津街和皮卡迪利花园均设有火车站。

地铁、有轨电车

地铁主要穿行在维多利亚火车站、皮卡迪利火车站和G-Mex展览活动中心之间，远处的线路可运行至索尔福德（Salford）码头。

有轨电车横穿曼彻斯特市区，连接维多利亚火车站、皮卡迪利火车站和凯瑟菲尔德，途经莫斯利街，然后开往郊区的阿尔琴查姆（Altrincham）和贝利（Bury）等地。有轨电车无人售票，也无人检票，需要自己在站台上的售票机中买票。

如何在曼彻斯特跟团游

　　带孩子出行的游客一般都会选择跟团游，如果已经在国内的组团社报了团，就应当知道在曼彻斯特当地的地接社是否接机，提供什么样的旅行服务等一系列问题。如果没有在国内报团，就需要到了曼彻斯特之后，在当地报团。曼彻斯特有很多大型的旅游公司可供选择，服务都比较不错，父母可以选择更适合自己的旅行社或旅游公司出行。

在曼彻斯特怎样报团

　　报团涉及在国内报团和到了曼彻斯特报团这两种主要方式。在本书PART1的出游方式里面，已经介绍了在国内报团的方式和注意事项，可参考P073。这里详细介绍了在曼彻斯特的旅行社报团，报团最主要的是选择可靠的旅行社。

● 曼彻斯特的旅行社

　　曼彻斯特的华人很多，中国城里更是华人聚集，所以这里有不少华人旅行社可供选择，一些大型的华人旅游公司的总部或分部也设在曼彻斯特。如果要跟团游的话，最好选择曼彻斯特知名的旅行社。另外也要根据自己的行程和孩子的需要来选择合适的旅行社。如果你的行程仅限于曼彻斯特，中国城里的小旅行社也是不错的选择。

曼彻斯特知名的华人旅行社					
中文名称	英文名称	网址	电话	地址	简介
欧美嘉国际旅行网	Omega Travel Group	www.omegatravel.net	0161-2287366	111 Piccadilly, Manchester（曼彻斯特分部）	英国华人旅行社中的顶尖者，提供百分百出团服务，精心策划众多英国游项目，很多是中国游客赴英国旅游的首选线路
王潮集团	Wang Dynasty	www.wanguk.com	0161-7497333	48 George Street, Manchester（曼彻斯特总部）	王潮集团总部就位于曼彻斯特，是当地最具实力的旅行服务机构。王潮集团在北京、成都等地都有办事处

曼彻斯特知名的地接社

对于带孩子境外游的游客来说，初到一个陌生的城市，肯定不方便，如果当地有专门的接待社为自己提供服务对于父母来说肯定是很有必要的。曼彻斯特当地的许多旅行社或旅游公司都提供地接服务，比如上面介绍的欧美嘉国际旅行网和王潮集团，这里就不再介绍。下面介绍当地一家非常受欢迎的地接社。

● 英国格莱美旅游

英国格莱美旅游公司（Glamorous Travel Ltd）的核心团队由前任英国政府高级官员、英籍华人和英国本土资深旅行业专家组成，每个成员均受过英国顶级正统教育，对于欧洲文化历史、风土人情有着深入的了解，他们在提供英国本土一手地接服务的同时，还可为游客提供许多旅行建议。格莱美从2003年开始专注高端定制旅行，成为这一领域的佼佼者。

■ 地址：The Shed,Chester Street, Manchester
■ 网址：www.glamorous-travel.com
■ 电话：0333-0112676（英国），400-000-7803（中国）

峰区国家公园（Peak District National Park）位于谢菲尔德和曼彻斯特两个城市之间，其距离曼彻斯特约10千米。进入峰区的火车沿着曼彻斯特到谢菲尔德的霍普溪谷线，从曼彻斯特到哈德菲尔德的大德菲尔德线将整个峰区连接。另外，从曼彻斯特到峰区内的巴克斯顿线和格洛索普线，也将这些城镇与曼彻斯特连接，因而从曼彻斯特前往峰区游览的交通十分便利。另外，峰区内各城镇甚至村庄之间的长途汽车也非常便利，即使带孩子游玩也不必担心太过麻烦。

迷人的峰区国家公园

峰区是英国第一处国家公园，覆盖6个郡，是与湖区国家公园齐名的自然之地。在这片远离城市喧嚣的纯净之地，你能看到野趣盎然的壮丽风景、秀丽的山峰、风景如画的英格兰村庄等截然不同的风光一定会让你沉醉。

虽然贵为"峰区"，这里却有点"名不副实"，因为这里大部分地区为海拔300米左右的丘陵，最高点Kinder Scount也只有区区630多米，根本就不是峭立险峻的群峰，反而是一片风景迷人的山水之地。在这里你可以和孩子充分领略英格兰迷人的自然美景，在这个"户外天堂"收获无数的惊奇。

峰区习惯上分为北部的黑峰和南部的白峰，其中黑峰荒原广袤，呈现出大自然那无拘束的粗犷风格；白峰则山水相依，人口聚集，是带孩子领略峰区风光的绝好去处。美丽的白峰有着起伏的农田、幽深的谷地、古老的森林，同时在远离城镇喧嚣的翠绿山谷中，还栖息着各种野生动植物。如果驱车前往，注意慢行，那秀美的山水之景让人宛如置身仙境。

连绵的丘陵、涓涓的小河、安逸的村镇、闻名世界的贵族豪宅……峰区每一处景致都让人流连驻足。这里还是一个著名的美食之地，是体验正宗英国乡间生活的好去处。品尝着当地的果酱和奶酪，穿梭于山清水秀的村镇之间，让人不禁流连忘返。

不可不去的小镇

峰区国家公园不仅完好地保留了自然风光，也保留了最为淳朴的乡间风情。峰区大大小小的村镇，既是峰区的交通枢纽和中转之地，又是值得一览的"世外桃源"。在这些小镇漫游，相信你和孩子会惊喜无比。

● 贝克维尔镇

贝克维尔镇（Backwell）或许是峰区最知名的小镇了，因为著名的查兹沃茨贵族庄园就在这个小镇的旁边。查兹沃茨贵族庄园是一座宏伟的大宅，始建于1552年，是世袭德文郡公爵的豪宅，也是英国十大最华丽的庄园之一。看过电影《傲慢与偏见》的人对这个庄园一定不陌生，因为它就是这部电影的主要取景地。

● 巴克斯顿

巴克斯顿（Buxton）是峰区著名的温泉胜地，当地著名的圣安的井（St. Ann's Well）源源不断地流出温暖的泉水，游客可学着当地人接泉水"豪饮"。这里也有着诸多著名的建筑，其中最出名的便是新月楼，仿照巴斯的皇家新月楼而建。此外，雍容华丽的巴克斯顿歌剧院显得格外精巧别致，也是不容错过的地方。

● 卡斯特顿

卡斯特顿（Casterton）位于秀丽的半月谷中，拥有独特的约翰蓝宝石、钟乳石和石笋，在峰区非常有代表性，游客可以搭乘地下河的游船前往观光。这里还是著名的卡斯顿学校的所在地，英国著名女作家夏洛特·勃朗特三姐妹曾就读于该校。

● 迪斯利

迪斯利镇（Disley）位于峰区北部边缘，距离曼彻斯特非常近，是进入峰区的北部起点站。这里保留了城乡结合部小镇的风貌。这个小镇在15世纪就已经很出名，附近著名的莱姆庄园（Lyme Park）给它带来了极高的声誉。

⭐ 曼彻斯特省钱大比拼

对孩子优惠的景点			
景点名称	**孩子玩点**	**优惠信息**	**地址**
科学与工业博物馆	参观完全复古的火车站展览区	除特殊展览外免费	Liverpool Road, Manchester
老特福拉德球场	去曼联博物馆，观看曼联比赛	儿童约6.7折	Sir Matt Busby Way,Stretford, Manchester
曼彻斯特中国城	吃地道的中餐	免费	Charlotte Street、Portland Street、Oxford Street、Mosley Street之间
曼彻斯特美术馆	参有趣的互动活动	免费	Mosley Street, Manchester
约翰·瑞兰兹图书馆	参观图书馆美轮美奂的阅览室	免费	150 Deansgate, Manchester
国家足球博物馆	参观各种足球纪念物	免费	Vrbis Puilding,Cathedral Gardens, Todd Street, Manchester
曼彻斯特博物馆	参观多种多样的矿石和考古文物	免费	The University Of Manchester,Oxford Road, Manchester

209

畅游世界，在旅行中成长

带孩子游英国

PART7

带孩子游约克

211 ▶ **231**

　　约克位于英格兰东北部，是一座历史悠久的古城。在历史上，约克先后被罗马人、盎格鲁人、丹麦人和诺曼人占领，因而留下了众多历史古迹，成为英国著名的文化名城。围绕约克城的城墙、高耸的约克大教堂是约克的标志性建筑，也是此地最著名的景点。约克古老而不呆板，火车头集聚的大英铁路博物馆、香甜四溢的巧克力工厂等，都为这座古城增添了无限风采。赶快带着孩子来这座古韵丰厚又别样精彩的小城游览吧！

如何到达约克

约克目前还没有机场，从中国到约克需要从英国其他城市转乘而达。最方便的中转城市是曼彻斯特，可坐飞机到曼彻斯特机场（Manchester Airport），然后从机场乘火车大约1个多小时可到约克。另外，中国到利兹的利兹机场（Leeds Airport）也有一些航班，如果乘飞机到利兹机场，可从机场乘约克第一汽车公司运行的通勤车，大约1小时可到约克。约克和英国主要城市之间的交通还是比较方便的，尤其是伦敦、曼彻斯特等大城市无论是乘坐火车还是长途汽车前往，都很容易。

● 火车

约克是英国的重要铁路交通枢纽，约克火车站（York Railway Station）建于1877年，既是连接伦敦和爱丁堡的东部铁路线的重要站点，也是经伯明翰连接爱丁堡和纽卡斯尔、格拉斯哥的长途火车停靠的重要站点，所以往返于约克及经停约克的各地列车非常多。对旅游者来说，火车无疑是出入约克最方便的方式。在这里，可乘坐火车往返于约克与纽卡斯尔、利兹、曼彻斯特、利物浦等地之间，同时赫尔、利兹、谢菲尔德之间的小镇也能与约克通过火车互达。在伦敦的国王十字火车站有开往约克的火车，每天大约25班车，2个多小时可到达约克。约克火车站的地址是Station Road，电话是0845-7225333，网址是www.nationalrail.co.uk。

● 长途汽车

约克的长途汽车站位于约克火车站对面，这里的长途汽车大多由National Express公司运行。从伦敦的维多利亚汽车站乘车，大约5小时可到约克；从伯明翰出发约3小时可到；从爱丁堡出发约6小时可到。汽车班次及具体信息可查询www.nationalexpress.com。

亲子行程百搭

约克百搭

大英铁路博物馆
National Railway Museum

城市艺术画廊
York Art Gallery

约克郡博物馆
Yorkshire Museum

约克大教堂
York Minster

纪念公园
Memorial Gardens

约克巧克力工厂
York's Chocolate Story

The Royal York

约维克维京中心
Jorvik Viking Center

米克盖特城门博物馆
Micklegate Bar Museum

约克城堡博物馆
York Castle Museum

约克百搭路线示意图

约克大教堂附近路线

乘坐19、29等路巴士在Exhibition Square Tour Bus站下，东行即到约克大教堂及附近城墙

❶ 约克大教堂 | 1小时

York Minster

⌄ 从教堂出来，沿着High Petergate路和与之相连的Precentor's Ct.路，西北行即到城市艺术画廊。步行约4分钟

❷ 城市艺术画廊 | 0.5小时

York Art Gallery

⌄ 从画廊出来沿着Precentor's Ct.行至三岔路口出，转入St. Leonard's Pl/A1036路，之之南行，转入进入Museum Gardens的小路，约克郡博物馆就在公园中心

❸ 约克郡博物馆 | 0.5小时

Yorkshire Museum

南部路线

乘坐3路巴士在o/s Clifford's Tower站下，东行即到约克城堡博物馆

❶ 约克城堡博物馆 | 1小时

York Castle Museum

⌄ 从博物馆出来，前面的小路西北行至Tower Street。沿着Tower Street东北行至Castlegate路，沿之之西行至第一个小路口右转，沿之前行即到约维克维京中心。步行约6分钟

❷ 约维克维京中心 | 0.5小时

Jorvik Viking Center

⌄ 从约维克维京中心出来，沿小路西北行至Coppergate路，沿之北行至Pavement路，继续北行。在Pavement路第二个小路口左转入，沿这条小路西北行即到约克巧克力工厂。步行约6分钟

❸ 约克巧克力工厂 | 1小时

York's Chocolate Story

西岸路线

乘坐2、5、19、30等路巴士在National Railway Museum站下即到大英铁路博物馆

❶ 大英铁路博物馆 | 1.5小时

National Railway Museum

⌄ 从大英铁路博物馆出来，沿着Leeman Road一直东行即到纪念公园。步行约8分钟

❷ 纪念公园 | 1小时

Memorial Gardens

⌄ 从公园出来，走入Station Ave/A1036路，沿之南行至Blossom Street，向左拐入即到，步行约8分钟Micklegate Bar博物馆

❸ 米克盖特城门博物馆 | 0.5小时

Micklegate Bar Museum

亮点

1. 约克城墙：在城墙上漫步
2. 大英铁路博物馆：观看各种各样的老火车头
3. 约克巧克力工厂：香飘飘的甜蜜世界
4. 约克城堡博物馆：体验约克式的古老英国生活
5. 约克迷宫：玉米构成的奇特世界

约克城墙

约克城墙（York Bar）是以约克大教堂为中心，环绕在约克周围长达5千米的一段正方形城墙。该城墙是英格兰保留最完整、最长的古老城墙之一，最初由罗马人修建，用以防御外敌，在之后的漫长岁月中曾经历过不同统治者的修缮。约克城墙从火车站就可以看到，是很多人来约克之行的第一站。尽管约克城墙不像长城那样壮观，城墙上面的道路很窄仅能勉强容两个人通过，但这里也别有一番历史风味。每到夕阳西下，会看到很多人沿着城墙漫步。

适合孩子年龄： 6～12岁
游玩重点： 夕阳下在城墙漫步

📋 **亲子旅行资讯**
✉ 约克城四周
🚌 从约克火车站步行前往即可
☎ 01904-621756

潮爸辣妈提示

约克的登城口被称为"Bar"，登约克城墙的入口包括北边的Bootham Bar、西南边的Micklegate Bar、东北边的Monk Bar和东南边的Walmgate Bar，游览一圈需要2个多小时。带孩子的话，最好游览约克大教堂旁从Bootham Bar到Monk Bar的一段，从约克火车站步行约15分钟即到。

大英铁路博物馆

大英铁路博物馆（National Railway Museum）是约克知名度最高的博物馆，是大英科学及工业博物馆的一部分，其主要馆藏都以英国铁路发展和历史为主。博物馆收藏了为数不少的著名机车，如苏格兰

适合孩子年龄：4～12岁
游玩重点：近距离接触五花八门的老火车头

飞人号和英国国铁的原型车，同时馆藏亦有一些外国的铁路车辆。博物馆铁路机车超过了100辆，同时还有接近200辆其余类型的铁路车辆。博物馆的前身是约克北车厂，利用原有的车厂空间和线路进行展览，很多地方都保留了原来的面貌。

亲子旅行资讯

✉ Leeman Road, York

🚌 从约克火车站步行前往即可，或者乘坐2、5、19、30等路巴士在National Railway Museum站下即到

🌐 www.nrm.org.uk

🆓 免费

🕙 10:00～18:00

📷 08448-153139

约维克维京中心

约维克维京中心（Jorvik Viking Center）是一个兼具娱乐和教育性的景点，很适合带孩子参观。这个地方通过众多精彩的图画和遗迹展现了维京人占领约克时期的历史。真人大小的模型和实物真实地还原出约克当时的生活，包括家居生活、耕种方式等。参观的时候，工作人员会穿上整套维京传统服饰向参观者解说维京人的衣着配饰等小知识，那些漂亮的传统服饰很有意思。

适合孩子年龄：4～12岁
游玩重点：体验约克维京时期的生活

亲子旅行资讯

✉ Coppergate Shopping Centre,19 Coppergate, York

🚌 乘坐42 、412、415等路巴士在 Piccadilly (PG)站下，步行前往

💷 成人10.25英镑，5～16岁儿童7.25英镑

☎ 01904-615505

约克大教堂

约克大教堂（York Minster）是英国著名的哥特式教堂，以拥有面积最大、以单扇窗镶嵌的中世纪彩绘玻璃和古老的侧廊而闻名于世，其中无与伦比的彩色玻璃窗不仅让大人们感到震撼，也很吸引孩子们的目光。教堂内也点缀着一些如小天使、封建时代的盾牌和龙头之类的小饰物，很有意思。另外，站在教堂顶端，还可以俯瞰整个约克市区。

适合孩子年龄：6～12岁
游玩重点：观看神奇的大东窗与大西窗

大东窗

大东窗是彩绘玻璃画家约翰·桑顿在15世纪初的作品，高达23米，号称世界上最大的中世纪彩绘玻璃，面积几乎相当于一个网球场大小，整个玻璃窗由100多个图景组成，很生动形象。

大西窗

大西窗有"约克之心"之称，呈心形图案。整个大西窗用哥特式晚期装饰风格的花饰进行装饰，十分精致。

牧师会礼堂

牧师会礼堂呈八角形，整个大礼堂没有中央柱支撑，在当时是一个创新的设计。礼堂的檐篷上有许多精细的哥特式头形雕饰，每个雕饰各具特色，且每个人物的表情也各不相同。礼堂里还有漂亮的波贝克大理石柱墩。

亲子旅行资讯

✉ Minster, Moor Lane, Copmanthorpe, York

🚌 从约克火车站步行前往，或乘坐19、29等路巴士在Exhibition Square Tour Bus站下

🌐 www.yorkminster.org

🎫 教堂和塔楼套票成人15英镑，8~16岁儿童5英镑

🕐 周一至周六9:00 ~ 17:00，周日12:45 ~ 17:00

📞 01904-623568

潮爸辣妈提示

最好选择在大教堂举行晚祷的时间前来参观，在唱诗班优美歌声和管风琴声中，可领略约克大教堂真正的特色，同时黄昏时的大教堂也显得格外恢宏。晚祷的时间平日是17:00，周日是16:00。

约克巧克力工厂

约克巧克力工厂（York's Chocolate Story）是约克非常受孩子们欢迎的景点，甜甜的巧克力是这里的标志。约克是英国著名的巧克力生产基地，无数大牌巧克力都出自这里。在这个工厂参观时，会有专人带领你品尝咖啡豆、巧克力原浆（都是免费的）和观看巧克力的制造流程。在这里游客也可以自己做巧克力棒棒糖，设计巧克力包装，非常有意思。

适合孩子年龄：4~12岁
游玩重点：体验巧克力生产过程、品尝香浓巧克力

亲子旅行资讯

✉ 3-4 Kings Square, York

🚌 乘坐9路巴士在Stonebow（SA）站下，步行前往

🌐 www.yorkschocolatestory.com

💷 成人10.95英镑，4~15岁儿童8.95英镑，家庭票（2名成人+2名儿童）34.95英镑

🕐 10:00 ~ 16:00

☎ 01904-527765

约克城堡博物馆

约克城堡博物馆（York Castle Muse-um）既是一个博物馆，也是一个"主题乐园"，很受游客欢迎。这座博物馆由以前的监狱改建而成，馆内收藏有过去400年来的日常用品，包括旧式电视机、收音机、洗衣机和吸尘器等，内容十分广泛。博物馆每个主题展区提供不同的历史生活记录和收藏展示，介绍了1580～1980年约克人生活的景象，包括维多利亚时代和爱德华时代风格的街景和民居。这里最知名的地方是禁闭著名盗贼迪克坦宾的监狱。

适合孩子年龄：6～12岁
游玩重点：体验约克人过去的生活

亲子旅行资讯

- Eye of York, York
- 乘坐3路巴士在o/s Clifford's Tower站下，步行前往
- www.yorkmuseumstrust.org.uk
- 成人10英镑
- 4～10月9:30～17:00，11月至次年3月9:30～16:30
- 01904-687687

潮爸辣妈提示

博物馆分为南北两栋，北楼里面有旧时街道上实景大小的面包店、银行、酒吧、裁缝店等，是展示约克人以前生活最集中的地方，比南栋更有意思。

约克迷宫

约克迷宫（The York Maze）是英国最大的迷宫之一，也是全球十大迷宫之一。这个奇特的迷宫由超过150万棵玉米组成，面积相当于15个足球场那么大。这个迷宫位于约克的旷野之上，每年它的图案都会改变，曾是过往的王冠，也曾是城市轮廓线，每年都带给人们很多期待。迷宫里放置了一些谜语线索，当游客通过这些线索走出迷宫时，还会赢得奖励，和孩子一边解答谜语一边寻找出口肯定会乐趣满满。

亲子旅行资讯

- York Maze, Elvington Lane, York
- 乘坐16A路巴士在o/s York Maze站下即到
- www.yorkmaze.com
- 成人14.5英镑，3～15岁儿童13.5英镑，3岁以下儿童免费
- 10:00～18:30
- 01904-607341

潮爸辣妈提示

由于受玉米生长周期的限制（当地约5月种植、9月收割），这个迷宫的开放时间约从7月起持续8个星期，每年略有变动，具体时间可参见官网。

霍华德城堡

霍华德城堡（Castle Howard）位于约克东北约24千米处，是霍华德家族拥有并居住的地方，众所周知的著名小说《梦断白庄》就是以这座城堡为背景创作的。2015年1月17日晚，著名歌手周杰伦和昆凌的婚礼派对在这座古堡举行，让这座城堡广为中国人熟知。霍华德城堡是典型的巴洛克式的城堡，四周被山丘、玫瑰园、森林花园、圆柱形陵园等包围，恢宏大气又不失典雅。城堡内部的住宅则装饰高雅，处处透露出浓郁的贵族气息。夏天的时候，城堡里还会举办音乐会。

适合孩子年龄：6～12岁
游玩重点：参观华丽的城堡，去城堡周围漂亮的花园散步

亲子旅行资讯

✉ Castle Howard, York
🚌 在Avenue Station 公交站乘坐180、181路巴士即到
🌐 www.castlehoward.co.uk
💰 成人18.95英镑，4～16岁儿童9.95英镑，4岁以下儿童免费
☎ 01653-648333

约克其他景点推荐

中文名称	英文名称	地址	网址
约克郡博物馆	Yorkshire Museum	Museum Gardens, Museum St., York	www.yorkshiremuseum.org.uk
米克盖特城门博物馆	Micklegate Bar Museum	Micklegate, York	www.micklegatebar.com
商人冒险厅	Merchant Adventurers' Hall	Fossgate, York	www.theyorkcompany.co.uk
纪念公园	Memorial Gardens	Memorial Gardens Leeman Road, York	—
城市艺术画廊	York City Art Gallery	Exhibition Square, York	www.yorkartgallery.org.uk
司库楼	Treasurer's House	Minster Yard, York	www.nationaltrust.org.uk/treasurers-house-york
圣奥拉弗教堂	St. Olave's Church	Marygate Ln., York	www.stolave.org.uk

跟孩子吃什么

约克是英格兰北部的著名美食地，汇集了约克郡及附近的诸多美食。约克的美食节是英国最大的美食节之一，每年9月举行，届时会通过大型特产市场、名厨演示、主题晚宴、产品推介会，以及多项特别活动，展示各式各样的食品和饮品，如果此时前往，可以吃到很多美味。即使平时，以约克郡布丁为代表的当地美食也绝对能满足你和孩子的味蕾。此外，在约克也能吃到不少美洲菜和亚洲菜。

约克的特色美食

约克汇集了不少当地的美食，这些美食立足日常餐饮，朴实无华却又美味无限。约克郡布丁和约克烤牛肉是当地最负盛名的美食，前者更是英国最为人所知的美食之一。约克的美食相较英格兰东南部显得有些普通，不过由于很贴近生活而广受大众的欢迎。

● 约克郡布丁

约克郡布丁（Yorkshire Pudding）是约克的传统美食，也是英国的著名美食之一。它是由面糊制成的特色美食，既有传统做法，也有一些比较现代的做法。约克郡布丁是英国人周日晚餐的重要组成部分，有时候它也会作为单独的一道菜先于主菜上桌。

● 约克烤牛肉

约克郡烤牛肉是英国烤牛肉中的精品，是将牛肉切成片状，放在烤炉上烘烤而成。这道美食是当地人周末晚餐或家庭聚会时的"必需品"，在当地的餐馆也比较容易找到。在吃约克烤牛肉的时候，可以夹在三明治里吃，也可以与其他蔬菜一起吃。

孩子最喜欢的餐厅

约克有数量众多的美食餐馆，这些餐馆既包括普通餐厅，也包括一些咖啡馆式的简餐店。约克的当地餐馆以经营当地的美食为主，在其中你可尽情享受美味的约克特色食物。约克的咖啡馆大多安静、简单，供应美味的咖啡、甜点，是中途休息的好去处。约克也汇集了一些美洲餐厅和亚洲餐厅，其中以美国菜、泰国菜、日本料理较为常见。约克的华人不是特别多，中餐馆也不是很多，但在市中心还是能找到几家。当然，在约克的旅游中心可以索取名为Days and Night的小册子，里面有关于约克餐馆及打折信息的介绍。

● 贝蒂茶屋

贝蒂茶屋（Bettys Cafe and Tea Rooms）是约克最著名的餐馆之一，在这里能品尝到正宗的英式下午茶，也能吃到美味的甜点，喝到香浓的咖啡。这里除了提供茶点之外，还提供三文鱼、油炸土豆、奶酪等简单的食物，是旅途中休息的好去处。

■ 地址：6-8 St. Helens Square, York
■ 网址：www.bettys.co.uk
■ 电话：01904-649142

● El Piano York

这是一家坐落在约克大教堂南边的西班牙餐厅，其装饰很富有西班牙特色。餐厅内还有主题包间，每个包间都有不同的风格。这里提供多种可口的素食，物美价廉，很受素食主义者的欢迎，很适合带孩子前往。

■ 地址：15-17 Grape Ln., York
■ 网址：www.el-piano.com
■ 电话：01904-610676

● 私房西餐

私房西餐（The Living Room）坐落在约克市中心的乌兹河畔，环境优雅，景色极佳。餐厅的露天阳台上设有餐桌，顾客可以在那里一边品尝美食，一边欣赏周边美景。这里提供的菜肴以当地美食为主，如炸鱼薯条、烤牛肉等。这家餐厅也提供一些亚洲菜，如泰国的鱼和北京的烤鸭。

■ 地址：Merchant Exchange, 1 Bridge Street, York
■ 网址：www.thelivingroom.co.uk
■ 电话：01904-461000

● 川香红辣椒

川香红辣椒（Red Chilly）是英国著名的连锁中餐厅，位于约克的这家在当地非常有名。餐厅里的饭菜很可口，铁板鱼、香牛柳、串串香、海鲜锅、翡翠炒饭等都非常不错。餐厅的对面还有一个免费的教堂公园，可以吃完饭后带孩子前去逛逛。

■ 地址：2,21-25 George Hudson Street, York
■ 电话：01904-733668

带孩子游英国

约克其他餐厅推荐			
中文名称	英文名称	地址	电话
小意大利餐馆	Little Italy	12 Goodramgate, York	01904-623539
巴里小餐馆	Bari's	15 Shamble, York	01904-633807
老灰马酒吧餐厅	Old Grey Mare Pub	Clifton Green,York	01904-654485

和孩子住哪里

约克虽小，但由于悠久的历史和文化积淀，使这里成为英国主要的旅游目的地之一，每年都会吸引大量游客前来观光游览。约克的旅游开发做得非常好，因而，在这个"小城"住宿选择也十分多样。总体而言，约克的住宿条件非常好，各种风格档次的旅馆都有，其中大型旅馆和星级旅馆多集中在约克城墙内侧，而B&B等经济旅馆多集中在布萨姆（Bootham）等地区。每年的6~8月是约克的旅游旺季，住宿比较紧张，最好提前预订房间。需要注意的是，约克一些宾馆对入住儿童有年龄限制，在选择宾馆前要查清楚。

● 香柏府大酒店&SPA

香柏府大酒店&SPA（Cedar Court Grand Hotel & SPA）是约克一家非常著名的五星级酒店，其提供时尚的客房和一个豪华的SPA中心。酒店的SPA中心设有游泳池、热水浴缸、桑拿浴室和蒸汽浴室。酒店还拥有一个现代化的健身中心和优雅的理疗室，提供面部和身体护理服务。酒店的Hudson's餐厅供应现代英式菜肴；HQ餐厅每天提供传统的下午茶。

■ 地址：Station Rise ,York
■ 网址：www.thegrandyork.co.uk
■ 电话：01904-380038

● 主教宾馆

主教宾馆（Bishops Guest Acco-mmodation）是一家非常实惠的酒店，坐落在一幢传统的维多利亚别墅中，距离约克城墙仅约900米。五星级的客房宽敞明亮，双层玻璃窗户设计保证了安静的氛围。客人可以在用餐室一边享用美味的约克早餐，一边欣赏花园景致。此外，这家宾馆距离城堡博物馆（Castle Museum）很近。

■ 地址：135 Holgate Road, York
■ 网址：www.bishopsyork.co.uk
■ 电话：01904-628000

约克其他住宿推荐					
中文名称	英文名称	地址	网址	电话	费用
梦想之家酒店	Grays Court Hotel	Chapter House Street,York	www.grayscourtyork.com	01904 -612613	约228英镑起
约克皇家酒店	The Principal Hotel	Station Road, York	www.phcompany.com	01904-653681	约141英镑起

给孩子买什么

在约克，除了游览精美绝伦的古建筑之外，在此购物也是一个不错的选择。在约克这座古城，有很多和孩子一起买东西的地方，在古街上就有许多小店，出售各种东西，很多是孩子非常喜欢的。约克的巧克力闻名于全英国，在这里的巧克力店给孩子买些香浓的巧克力再好不过了。约克的特色纪念品和创意小商品非常有意思，可以给孩子买一些。此外，尽管约克不是著名的名牌购物地，但这里服饰的质量非常好，一些名品的打折力度也很大，可以在给孩子买东西的同时也给自己买些实惠的品牌衣服。

孩子们的购物乐园

约克古城的市中心保留了一些旧时的商业街道，出现在《哈利·波特》系列电影里的肉铺街就是其中非常著名的一个，它就是电影里"对角街"的原型。在这条古色古香的小街上，各种小商品琳琅满目，这些物品无疑会吸引孩子们好奇的目光。在这里购物，可以一边找找电影里的痕迹，一边买些新奇的小玩意。

不可错过的购物地

约克古城的市中心保留了一些旧时的商业街道，路面是用鹅卵石铺成。如今，老街上各式店铺琳琅满目，约克特色纪念品专卖店、零食店、潮品店、乐器店、手工艺店、古董店等应有尽有，这样的街道以石头街（Stonegate）和肉铺街（The Shambles）最为著名，街道两侧有众多精美的纪念品店以及个性小店。对于热衷于著名品牌的游客来说，位于市郊的奥特莱斯商场是最值得去的地方。

● 肉铺街

肉铺街（The Shambles）是一条保存完好的中世纪街道，因以前这里有很多肉铺而得名，现在两边的店铺已变成了出售美术品和礼品的商店。在这里可以买到约克大教堂的飘雪玻璃球。此外，在肉铺街附近还有一个露天市场，出售各种水果和食物。

■ 地址：Shambles, City Centre,York

● 石头街

石头街（Stonegate）位于约克大教堂旁。这条街道上保留着很多中古时代的房屋，既是一个著名景点，也是一个著名购物地。这里的每一家商店都有独特的建筑形式，出售各种纪念品。

■ **地址**：Stonegate, York

● 约克奥特莱斯

约克奥特莱斯商场（York Designer Outlet）位于约克市中心以南约5千米处。这个大型商场里汇聚了120多个国际品牌店铺，如Burberry、Clark、Amani等。这里有些商品是过季的，也有些是全新款的，其品牌折扣力度很大，有的甚至能达到两三折。

■ **地址**：St. Nicholas Ave., Fulford, York
■ **交通**：在约克火车站对面搭乘红线7路巴士到Outlet下可到
■ **营业时间**：周一至周三 10:00 ~ 18:00，周四至周五 10:00 ~ 20:00，周六 10:00 ~ 19:00，周日 10:00 ~ 17:00
■ **电话**：01904-682700

约克其他购物地推荐			
名称	特色	地址	电话
WHSmith	英国著名的连锁式图书文具店在约克的分店，里面有畅销书籍、文具、杂志、报纸和娱乐产品	39-41 Coney St. York	01904-623106
彼得兔专卖店（Peter Rabbit & Friends）	4家英国彼得兔专卖店里一家，尽管店面不大，但东西很全，店里有各种与彼得兔相关的产品	13 Stonegate, York	01904-631704
约克郡香皂工厂店（The YorkshireSoap Company）	这是一家香气四溢的香皂工厂店，里面出售各种造型优美的手工香皂	10 Blake Street, York	01904-655820

227

在约克的出行

约克较小，景点多集中在市中心，并且相距很近，所以步行是最好的游览方式（从一个景点到邻近的景点，步行基本上都不会超过20分钟）。不过带孩子长时间走路可能会让孩子非常劳累，这样的情况你就可以选择乘坐当地的巴士，或去租赁自行车游览。由于乌斯河穿城而过，轮船也是约克一大交通方式。

巴士

约克当地的巴士由First York公司运营，单次票价为1～2.5英镑，可购买一日通车票（3.5英镑），在一天内随意搭乘约克所有的巴士，通票在Park&Ride停车场有售。First York公司的电话是01904-622992，网址是www.firstgroup.com。

在约克，有专门的"约克城市观光路线"（York Citysightseeing）。两条观光线路覆盖了约克的主要景点，可以随意上下。其在Exhibition广场上的游客中心外发车，15分钟1班，成人9英镑，儿童4英镑。观光巴士的电话是01904-6655585，网址是www.city-sightseeing.com。

自行车

　　由于约克城不大，所以骑自行车非常方便。约克的游客中心免费提供约克骑行的线路地图，如果精力充沛，你甚至可以骑车去霍华德城堡。约克两家当地的自行车租赁公司是位于约克城墙Monk Bar附近的Bob Trotter（地址13 Lord Mayor's Walk, York ，电话01904－622868，营业时间周一至周六9:00～18:00，周日11:00～17:00，网址www. giant-york.co.uk）和位于约克火车站一号站台的Europcar（地址York Railway Station ,York ，电话01904－656161，营业时间周一至周六8:00～20:30、周日9:00～20:30）。两家公司的自行车出租价格差不多，大约每天10英镑。需要注意的是，骑自行车需要考虑孩子的需求和能力。

轮船

　　约克位于福斯河与乌斯河的交汇处，其中乌斯河（Ouse River）穿约克城中而过，因而轮船也就成了约克重要的交通方式。在约克，一些主题游览线路也依托于轮船，著名的幽灵游就是如此。York Boat主营乌斯河上的幽灵游路线，其网址www. Yorkboat.co.uk，电话01904－628324。你可选择1小时白日团队游，在2月至11月期间每天10:30、12:00、13:30、15:00，从国王码头（King's Staith）出发（从伦达尔大桥出发的比这里晚约10分钟）。夜间幽灵游也从国王码头出发，只在4～10月才有，每天只有18:30有一班。由于这里的"轮船游"基本上都是以幽灵为主题，要先考虑孩子的承受力和兴趣爱好再来决定是否参加。

附近的国家公园

　　约克北面是英国国家公园最为密集的地区，从东至西依次分布着北约克郡沼泽国家公园、约克郡山谷国家公园、湖区国家公园。这些国家公园都有着独一无二的特色，到了约克，怎可以错过这些绝美的自然之地呢？而有着"英国后花园"之称的湖区更是领略英国自然风光绝对不可错过的游览地。

北约克郡沼泽国家公园

　　北约克郡沼泽国家公园（North Yorkshire Moors National Park）是著名的湿地公园，其最大的特色是拥有英国最广阔的石楠花荒原。这里还有大片的林地、幽深的山谷，以及雄伟的城堡、豪华的古宅。众多山路将公园内绿意盎然的山谷和沼泽区联系在一起，这些山路也是徒步爱好者的天堂。

　　当然，带着孩子的话，不宜选择辛苦的徒步路线。这里有条专门的"北约克郡沼泽铁路"为游客服务。这条私人运行的铁路全长30多千米，保存完好的蒸汽火车头拉着年代久远的车厢，可带着游客横穿公园的大部分区域。

　　公园区内考克斯沃尔德的金色石头村有一座香迪庄园，这便是英国著名作家劳伦斯·斯特恩的家园。

约克郡山谷国家公园

　　约克郡山谷国家公园（Yorkshire Dales National Park）因山谷而闻名，是英国最受游客欢迎的国家公园之一。该公园是英格兰北部的一颗明珠，奔流不息的河流切开了丘陵地带，造就了大大小小、各具形态的山谷。在众多山谷中，最知名的当属马勒姆峡谷了，其位于山谷公园内的马勒姆村。

　　在约克郡山谷国家公园内，如珍珠般散落着风景如画的小村庄。在你的行程中，常常会在不经意间从眼前闪现过一座隐秘的古老村庄。

在国家公园里的霍沃思，走出了闪耀世界文坛的勃朗特三姐妹，现在这里还有着三姐妹的故居，如果有时间一定要拜访一下这个光芒无限又命运多舛的文学家族。如果你想了解当地的风貌，那么就去霍斯的约克郡山谷乡村博物馆吧，这座博物馆完美地展现了这片地区的社会历史原貌。

湖区国家公园

湖区国家公园（Lake Disrict National Park）位于英格兰西北海岸，有"英格兰最美的一角"之美誉，被英国人称为自己的"后花园"，其绝美风姿不言而喻。著名的湖畔诗人华兹华斯曾如此赞颂它："我不知道还有什么别的地方能在如此狭窄的范围内，在光影的幻化之中，展示出如此壮观优美的景致。"

湖区里湖群遍地，16个冰河湖如珍珠般散落在这片大地上。在冰河时期，冰河不仅塑造了一系列湖泊，冰河流动时的巨大力量切割着岩石，还塑造出岩石相连的起伏山丘，让这里成为无与伦比的山水之地。

这里还是一个鲜为人知的"童话世界"。著名的童话高手波特常来此地度假、寻找灵感，他也正是在这里创造出举世皆晓的童话《彼得兔》。在英国，为数不多的彼得兔专卖店就有一家位于湖区。

★ 约克省钱大比拼

对孩子优惠的景点			
景点名称	孩子玩点	优惠信息	地址
约克城墙	在古老的城墙散步	免费	约克城四周
大英铁路博物馆	观看五花八门的老火车头	免费	Leeman Road, York
约克大教堂	观看神奇的大东窗与大西窗	教堂和塔楼套票成人15英镑，8~16岁儿童5英镑	Minster, Moor Lane, Copmanthorpe, York
约克巧克力工厂	品尝香浓的巧克力	成人10.95英镑，4~15岁儿童8.95英镑，家庭票34.95英镑	3~4 Kings Square, York
霍华德城堡	参观华丽的城堡，在城堡周围的花园散步	成人18.95英镑，4~16岁儿童9.95英镑	Castle Howard, York
司库楼	参观各种私人收藏	成人7.2英镑，儿童3.6英镑，家庭18英镑	Minster Yard, York

畅游世界，在旅行中成长

★ 带孩子游英国 ★

PART8

带孩子游利物浦

233 ▶ 251

　　利物浦是英格兰西北部美丽的港口城市。作为甲壳虫乐队的"故乡"，这个城市有着不可磨灭的音乐传奇，从甲壳虫乐队传奇博物馆到洞穴俱乐部，或从利物浦名人到草莓园寻找甲壳虫乐队的足迹，成为许多游客来到这里的首要目的。利物浦市内有欧洲最古老的中国城，可以说是唐人街的典范。这座城市还当选为2008年"欧洲文化之都"，各色博物馆是带孩子学习、游乐的绝好去处。

带孩子怎么去

中国到利物浦的航班

目前我国还没有直飞利物浦的航班，而且一程中转航班也不多，转机的话也不是特别方便，一般需要两程中转，耗时非常多。耗时少的一程中转航班大多是易捷航空等小航空公司和其他航空公司的联合航班。从国内到利物浦，飞行时间比较少的一程中转航班的始发地集中在北京。如果感觉从国内直接去往利物浦太麻烦，可以先飞到伦敦，再乘飞机或火车前往。表格中的出发时间是以北京时间为准，到达时间是利物浦当地时间。北京时间比利物浦早8小时（标准时差）。

中国到利物浦的部分航班资讯						
承运公司	航班号	班次	路线	出发时间	到达时间	实际北京时间
法国航空、易捷航空	AF38、U27046	夏半年周二、四、六	北京→巴黎→利物浦	1:05	夏令时16:15	23:15
南方航空、英国Flybe航空	CZ345、BE1292	冬半年周二、三	北京→阿姆斯特丹→利物浦	10:55	冬令时20:05	次日4:05

从机场到利物浦市

利物浦约翰·列侬机场（Liverpool John Lennon Airport，简称LPL）位于利物浦市以南约12千米处，以著名的甲壳虫乐队队员约翰·列侬的名字命名。该机场每天有很多飞往英国伦敦、爱丁堡、贝尔法斯特等城市的航班，也有到阿姆斯特丹、巴黎、巴塞罗那等欧洲城市的国际航班。这座机场同时也是瑞安航空（Ryanair）、易捷航空（Easyjet）等廉价航空公司的主机场。机场电话为087-15218484，网址为www.liverpoolairport.com。

利物浦约翰·列侬机场场至利物浦市的交通			
交通方式	英文	介绍	时间/票价
长途汽车	Coach	Terravision汽车公司运营从物浦约翰·列侬机场至曼彻斯特的长途线路，每小时一班车	到利物浦市中心大约需要1小时，单程票价约6英镑

交通方式	英文	介绍	时间/票价
巴士	Bus	在机场可乘坐巴士Arriva Airlink 500、80A、82A、86A到利物浦市中心，巴士站在机场出口处便可看见，每30分钟一班	约需45分钟到达市区
出租车	Taxi	机场到达大厅外即有出租车等候	到达市中心大约20分钟，约15英镑

亲子行程百搭

利物浦百搭

利物浦百搭路线示意图

地图标注：
- ③ 默西塞德海洋博物馆 Merseyside Maritime Museum
- ② 艾伯特港口 Albert Dock
- ① 甲壳虫乐队传奇博物馆 The Beatles Story
- ④ 泰勒利物浦美术馆 Tate Liverpool
- ③ 圣路加教堂花园 St. Luke's Church Gardens
- 利物浦表演艺术学院 Liverpool Institute of Performing Arts
- ① 利物浦大教堂 Liverpool Cathedral

街道名：Argyle St、Duke St、Henry St、Lydia Ann St、Liver St、Forrest St、Upper Frederick St、Gilbert St、Kent St、Upper Duke St、Tabley St、Great George Square、Nelson St、Blundell St、Keel Wharf、Dukes Dock、Wapping Dock、A561、A5036

大教堂附近路线

乘坐101路巴士在opp Pilgrim Street站下即到利物浦大教堂

❶ 利物浦大教堂 Liverpool Cathedral ⏱0.5小时

从大教堂前的Cathedral Gate路北行走到Upper Duke Street路，跨过其之后沿着Rodney Street继续北行至Mount Street，转入东行即到利物浦表演艺术学院。步行约5分钟

❷ 利物浦表演艺术学院 ⏱0.5小时

Liverpool Institute of Performing Arts

从学院出来返回Rodney Street，沿之北行至Leece Street，转入西行即到圣路加教堂花园，圣路加教堂就在花园内。步行约5分钟

❸ 圣路加教堂花园 ⏱1小时

St. Luke's Church Gardens

港口区路线

乘坐C5路巴士在opp Albert Dock站下，沿Gower Street西行即到

❶ 甲壳虫乐队传奇博物馆 The Beatles Story ⏱1小时

从博物馆出来，沿着Gower Street东行至Salthouse Quay路，北行即到艾伯特港口

❷ 艾伯特港口 Albert Dock ⏱1小时

从艾伯特港口前的滨海小路西北行至Hartley Quay路，转入西行即到默西塞德海洋博物馆、国际奴隶博物馆。步行约4分钟

❸ 默西塞德海洋博物馆 Merseyside Maritime Museum ⏱1.5小时

从博物馆出来，沿着Hartley Quay路西行至南北向的滨海小路南行即到泰特利物浦美术馆

❹ 泰特利物浦美术馆 Tate Liverpool ⏱1小时

利物浦百搭路线示意图

地图标注：
- 利物浦世界博物馆 World Museum ②
- 步行者美术馆 Walker Art Gallery ③
- 圣约翰花园 St. John's Gardens ①
- The Royal Liverpool University Hospital
- 利物浦科技园 Liverpool Science Park ②
- 利物浦大学 University of Liverpool ①
- 基督君王都主教座堂 Liverpool Metropolitan Cathedral ③
- Britannia Adelphi
- Liverpool Central
- Abercromby Square

道路标注：A580、A57、A5039、A5038、B5339、London Rd、Pembroke Pl、Erskine St、Copperas Hill、Russell St、Great Newton St、Clarence Hill、Brownlow Hill、Mount Pleasant、A5048、Low Hill

北部路线

乘坐25、101路巴士在Liverpool Museum站下，南侧就是圣约翰花园

❶ 圣约翰花园   0.5小时
St. John's Gardens

从圣约翰花园出来，沿着William Brown Street西行约1分钟，北侧就是利物浦世界博物馆

❷ 利物浦世界博物馆   1小时
World Museum

从博物馆出来，沿着William Brown Street东行至Central Library后，再继续前行即到步行者美术馆。步行约3分钟

❸ 步行者美术馆   0.5小时
Walker Art Gallery

利物浦大学附近路线

乘坐6、7、79等路巴士在opp Mount Pleasant站下，沿着Brownlow Hill路东行约1分钟即到利物浦大学

❶ 利物浦大学   1小时
University of Liverpool

可沿着学校内的小路从北至南浏览。至Oxford Street路，沿之西行至Mount Pleasant后接着西行即到利物浦科技园。步行约5分钟

❷ 利物浦科技园   0.5小时
Liverpool Science Park

从利物浦科技园北行即到基督君王都主教座堂，步行约2分钟

❸ 基督君王都主教座堂   0.5小时
Liverpool Metropolitan Cathedral

236

亮点

1. 甲壳虫乐队传奇博物馆：开启音乐传奇
2. 艾伯特港口：利物浦游玩天堂
3. 安菲尔德球场：充满热情的足球场
4. 利物浦世界博物馆：绝好的学习之地
5. 默西塞德海事博物馆：泰坦尼克号的展览
6. 国际奴隶博物馆：近代贩奴史教育基地

甲壳虫乐队传奇博物馆 ◇◇◇◇◇◇◇◇◇◇◇◇◇◇◇◇

　　甲壳虫乐队传奇博物馆（The Beatles Story）是利物浦最受欢迎的景点之一。甲壳虫乐队的大名如雷贯耳，可以说其是英国流行乐坛最为成功、影响力最大的乐队，对于世界流行音乐产生了革命性的影响。

适合孩子年龄：6～12岁
游玩重点：参观和甲壳虫乐队有关的展品

利物浦因甲壳虫乐队而自豪，而专门为其建立了这个博物馆，馆内展示了很多有关这个乐队的东西，如他们的乐器、服装、海报等，还会播放着他们的经典歌曲以及他们的演唱会视频。如果孩子是个小音乐迷，只要带着他来这里，相信这里一定能激发他的音乐梦想。

亲子旅行资讯

✉ Britannia Vaults, Albert Dock, Liverpool

🚌 乘坐C5路巴士在opp Albert Dock站下

🌐 www.beatlesstory.com

💷 成人14.95英镑，5～16岁儿童9英镑

🕐 4～10月9:00～19:00，11月至次年3月10:00～18:00

📞 0151-7091963

艾伯特港口

艾伯特港口（Albert Dock）建于1846年，当年是利物浦的重要港口，工业革命前后，英国与世界各地的进出口贸易以及奴隶贩卖交易都与这个港口有着密切的联系。如今港口的仓库已经被改造成商店、公寓、饭店、酒吧，成为利物浦热闹的地方之一，吸引了无数游客前来。这里是一个集休闲、娱乐、观光等于一体的地方，周围集聚了一大批著名博物馆等景点。港口区的景色非常幽美，河水清澈，在码头的露天座上边享受美食，边欣赏美景再惬意不过了。

亲子旅行资讯

- ✉ Strand St., Liverpool
- 🚌 乘坐C4、25、105路巴士在 nr Albert Dock站下车即到
- 🌐 www.albertdock.com
- 💰 免费
- ☎ 0151-9071057

安菲尔德球场

安菲尔德球场（Anfield Stadium）位于利物浦市安菲尔德区，是英超劲旅利物浦队的主场，也是欧洲足球联合会的四星级球场。安菲尔德球场规模虽然不是顶级的，但球场内的气氛一直广受好评，经常能听到球迷们在这里唱利物浦经典队歌《你永远不会独行》。安菲尔德球场历史悠久，修建于1878～1884年，并在1892年成为利物浦队的主场直至今日。现有的安菲尔德球场主题可分为KOP看台、辉煌百年看台、安菲尔德路看台和主看台4大区域。

亲子旅行资讯

✉ Anfield Road, Liverpool

🚗 乘坐17、27路巴士在opp Liverpool FC站下即到

🌐 www.liverpoolfc.com

💷 成人17英镑

☎ 0151-2606677

潮爸辣妈提示

安菲尔德球场有专门的俱乐部讲解带游客参观，约2小时一次。售票处2楼有酒吧和球队的队史展览馆，不可错过。球场里的纪念品商店东西齐全，可以给孩子买些独特的纪念品。

利物浦世界博物馆

利物浦世界博物馆（World Museum）位于圣乔治大楼不远处，是一个非常适合带孩子游玩的地方。博物馆里的展品包括自然、历史、科学等各领域，拥有水族馆、昆虫馆和天文馆等展馆，从史前陶器到探索太空的器具都能在这里找到。博物馆中除了常设的展览之外，还时常举办一些主题展览和趣味活动。在这个娱乐和教育功能兼具的博物馆内，孩子们能学到不少知识。

适合孩子年龄: 4～12岁
游玩重点: 去展览馆学习、参加丰富多彩的活动

亲子旅行资讯

✉ William Brown Street, Liverpool

🚌 乘坐25、101路巴士在Liverpool Museum站下

🌐 www.liverpoolmuseums.org.uk/wml

💲 免费

🕙 10:00 ~ 17:00

潮爸辣妈提示

利物浦世界博物馆里的免费纪录片很值得一看，但要提前订票。在360°大屏幕上，同时放映着包括阿波罗登月在内的诸多纪录片，可以挑自己喜欢的看。

国际奴役博物馆

国际奴隶博物馆（International Slavery Museum）和默西塞德海事博物馆虽在同一层楼上，但两者是独立的。这是一个典型的教育类博物馆，它的成立主要是为了让人们了解奴隶贸易制度的黑暗历史。博物馆再现了利物浦在奴隶三角贸易中扮演的重要角色。博物馆的展品包括一些镇压奴隶反抗的工具、航行日志、船长日记、奴隶贩卖发票等。通过这些展品让人们认识到奴隶贸易血腥与罪恶的一面。

适合孩子年龄：8～12岁
游玩重点：了解奴隶贸易

亲子旅行资讯

✉ 3rd Floor of Merseyside Maritime Museum, Albert Dock, Liverpool

🚌 乘坐C5路巴士在nr The Pumphouse下，步行前往

🌐 www.liverpoolmuseums.org.uk/ism

💲 免费

🕙 10:00 ~ 17:00

☎ 0151–4784499

带孩子游英国

默西塞德海事博物馆 ◇◇◇◇◇◇◇◇◇◇◇◇◇◇◇◇

默西塞德海事博物馆（Merseyside Maritime Museum）位于艾伯特港口旁边，于1980年对外开放。博物馆共有4层，用大量图片生动地讲述了利物浦的航海历史，涉及移民、奴隶贸易、两次世界大战和造船业历史等众多内容。参观完展厅后可到博物馆4层，在这里可以一览利物浦市区的景色。博物馆中最吸引人的部分是关于泰坦尼克号的展览，里面有一艘按比例缩小的泰坦尼克号模型，周围的展品有泰坦尼克号上曾经使用过的物品、船员穿戴物等。

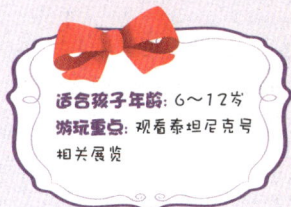

适合孩子年龄：6～12岁
游玩重点：观看泰坦尼克号相关展览

亲子旅行资讯

✉ Albert Dock，Liverpool Waterfront，Liverpool
🚌 乘坐C5路巴士在nr The Pumphouse下，步行前往
🌐 www.merseysidemaritimemuseum.org.uk
💲 免费
🕙 10:00～17:00
☎ 0151-4784499

利物浦其他景点推荐			
中文名称	英文名称	地址	网址
利物浦大教堂	Liverpool Cathedral	St. James Mt.,Liverpool	www.liverpoolcathedral.org.uk
基督君王都主教座堂	Metropolitan Cathedral	Cathedral House Mount Pleasant, Liverpool	www.liverpoolmetrocathedral.org.uk
步行者美术馆	Walker Art Gallery	William Brown Street,Liverpool	www.liverpoolmuseums.org.uk/walker
泰特利物浦美术馆	Tate Liverpool	Tate Liverpool Albert Dock,Liverpool	www.tate.org.uk/visit/tate-liverpool
利物浦表演艺术学院	Liverpool Institute of Performing Arts	Mount Street, Liverpool	www.lipa.ac.uk
王家利物浦大楼	Royal Liver Building	Liverpool Waterfront, Liverpool	www.royalliverbuilding.com
圣约翰花园	St. John's Gardens	William Brown Street,Liverpool	—
圣路加教堂花园	St. Luke's Church Gardens	Bold St.,Liverpool	www.stlukeliverpool.co.uk
利物浦名人墙	Liverpool wall offame	Mathew Street, Liverpool	—

跟孩子吃什么

利物浦是英国著名的美食地，可与伦敦这样的大城市相媲美。历史上利物浦曾长期是英国重要的港口，所以这里也汇集了来自世界各地的美食，欧洲菜和亚洲菜都能轻易在这里找到。利物浦也汇集了来自英国各地的美食，形成了自己的特色，如别具利物浦风格的英式早餐、炸鱼薯条等都很容易吃到。如果孩子吃不惯外国菜，可以去当地的中餐馆一尝"家乡美食"。

带孩子游英国

利物浦的特色美食

利物浦并没有很独特的当地美食，但常见的英国风味美食在这里都能找到，并赋予了当地的特色，其中英式早餐、英式下午茶、炸鱼薯条、约克郡布丁等都很常见。这里的英式早餐更加丰盛，包括燕麦粥、煎蛋、烤番茄、蘑菇、茄汁黄豆、熏培根和烤香肠等。这里介绍两种在利物浦非常流行而在英国其他地方不太容易吃到的英国美食。

● 胡萝卜蓉

胡萝卜蓉（Neeps）是英国比较常见的食物，在利物浦格外流行，是吃羊杂碎布丁（也就是著名的哈吉斯）时最好的辅食。它是直接将胡萝卜去皮，煮上15分钟，然后再放入自己想要的佐料拌匀就可以吃了，口感非常清淡。

● 咖喱肉汤

咖喱肉汤（Mulligatawny）是印度流传到英国的美食，在利物浦非常流行，也是到利物浦不可不尝的一道美食。咖喱肉汤以咖喱为主，加入胡萝卜、芝麻、肉末等熬成汤，在喝的时候可以根据个人口味加一些佐料甚至面条。利物浦人喜欢在吃早餐或下午茶时喝咖喱肉汤。

孩子最喜欢的餐厅

各种不同风味的餐馆在利物浦都能找到，如法国风味、意大利风味、亚洲风味、北非风味等。利物浦人生性浪漫，因而在当地能找到很多有趣的用餐地。利物浦的平价餐厅大多聚集在利物浦哈德曼街（Hardman Street）、希望街（Hope Street）、纳尔逊街（Nelson Street）两边以及塞夫顿公园（Sefton Park）附近的Lark Line等地，很多餐馆价格实惠，服务周到。利物浦有着英国建立比较早的中国城，这里有中国各地的风味菜肴，想吃中餐的话，去中国城再好不过了。

● 门罗餐厅

门罗餐厅（The Monro）是利物浦市中心著名的当地餐馆，曾获得美食大奖。这家餐馆专门研究使用当地食材烹制的特色美食。餐厅有装饰复古的包房，提供安静的就餐环境。餐厅的酒吧有着各种纯正的啤酒和精心挑选的麦芽威士忌。

■ 地址：92 Duke Street, Liverpool
■ 网址：www.themonro.com
■ 电话：0151-7079933

● 美美中餐馆

美美中餐馆（Mei Mei）在利物浦与Tai Pan中餐馆齐名，有着很高的知名度。这家餐厅提供各种粤菜料理及小笼包，也有港式点心，价格实惠。推荐这里的豉汁排骨、流沙奶黄包和包油条的肠粉。

■ 地址：9-13 Berry Street, Liverpool
■ 电话：0151-7072888

● 札幌铁板烧店

札幌铁板烧店（Sapporo Teppan yaki）是利物浦非常著名的日式铁板烧餐厅。在餐桌前的烧烤台上，厨师们现场烹饪食物，顾客可以观看食物烹饪的全过程。这家餐厅的菜肴都采用新鲜的食材做成，做出来的食品非常好吃。餐厅服务员的态度很好，服务很周到。

■ 地址：134 Duke Street, East Village, Liverpool
■ 网址：www.sapporo.co.uk
■ 电话：0151-7053005

● Tai Pan中餐馆

Tai Pan中餐馆（Tai Pan Chinese Restaurant）是全球连锁中餐馆，位于利物浦的这家是当地较大型的中餐馆，可容纳约400位客人同时就餐，广受当地华人的欢迎。餐厅装饰精致，用餐环境舒适，很适合带孩子前来就餐。餐馆以粤菜为主打，非常正宗。餐厅还有一个免费停车场供就餐者停车。

■ 地址：Atlantic Business Park, Great Howard St., Liverpool
■ 网址：www.taipanliverpool.co.uk
■ 电话：0151-2073888

利物浦其他餐厅推荐

中文名称	英文名称	地址	电话
遇见阿根廷餐厅	Meet Argentinian Restaurant	50 Brunswick Street, Liverpool	0151-2581816
东京面馆	Tokyou Noodle Bar	7 Berry Street, Liverpool	0151-4451023

和孩子住哪里

　　因为利物浦的景点主要集中在港口区，所以住宿最好选择在这个区域。利物浦市中心的住宿地主要是一些中档旅馆、标准商务旅馆及高档酒店，较为便宜的经济旅馆、B&B酒店则多集中在火车站附近的纳尔逊勋爵街和莱姆街，可以根据自己的喜好和预算选择前往。当地的酒店及相关的详细信息可从利物浦游客中心获得；也可以去艾伯特码头游客中心集中了解港口区的住宿信息。需要注意的是，每年足球赛事集中的时候及音乐节期间，利物浦的住宿会非常拥挤，最好提前预订旅馆。

带孩子游英国

● 泰坦尼克号酒店

　　泰坦尼克号酒店（Titanic Hotel）是一家非常有特色的船屋式豪华酒店，坐落在艾伯特码头的中心地带，依照泰坦尼克号而设计。酒店的装饰华丽高贵且富有艺术气息。酒店还提供设施齐全的厨房。这家豪华酒店仅供9人入住，最好提前预订。

- 地址：Stanley Dock, Regent Road, Liverpool
- 网址：www.titanichotelliverpool.com
- 电话：0151-5591444

● 大不列颠-雅达菲酒店

　　大不列颠-雅达菲酒店（Britannia Adelphi Hotel）位于利物浦市中心，是一家经济实惠酒店。酒店的客房装饰优雅，配备了众多便捷设施，并有专门的家庭套房可供选择。酒店专门为住客准备了水疗服务，同时酒店还设有室内游泳池和健身中心。

- 地址：Ranelagh Street, Liverpool
- 网址：www.britanniahotels.com
- 电话：0871-2220029

利物浦其他住宿推荐					
中文名称	英文名称	地址	网址	电话	费用
公爵街利华阁服务式公寓	Staycity Aparthotels Duke St	37-41 Duke Street,Liverpool	0151-7072302	www.staycity.com	约102英镑起
利物浦中心万豪酒店	Liverpool Marriott Hotel City Centre	1 Queen Square, Liverpool	0151-4768000	www.marriott.com	约75英镑起
奥瑞尔公园酒店	Orrell Park Hotel	109 Orrell Lane, Liverpool	0151-5254018	www.orrellparkhotelliverpool.co.uk	约60英镑起

给孩子买什么

激情澎湃的足球赛事和热闹的摇滚乐给利物浦带来了有别于其他城市的欢乐氛围，在这里购物，典型的利物浦之风会随时包围着你。与英国其他地方一般17:00就关门不同的是，在热闹的利物浦，商店一般都21:00或22:00关门，甚至也有些24小时营业的超市。所以在利物浦，一天游览结束后，就可以带着孩子开始一次激动人心的购物之旅了。这里最值得买的除了一些英国特色的物品外，也不可错过与甲壳虫乐队、足球有关的纪念品，以及当地的工艺品、服饰等。一把小吉他或者利物浦队的球衣肯定会讨得孩子们的欢心。

孩子们的购物乐园

利物浦是一个非常适合边逛边玩的地方。带着天性爱玩的孩子在各种商店遍布的波德大街（Bold Street）购物再好不过了。波德大街是利物浦市中心的著名街道。这条充满波西米亚风格的街道上，各种精品店、体育商店、家具店让你和孩子目不暇接。在这里的体育用品店能买到利物浦队的纪念品，街上为数不少的个性小店里，能淘到不少孩子感兴趣的东西。波德大街上还有不少餐厅、酒吧、小餐馆等，因而逛累了也很好找到休息的地方。

不可错过的购物地

利物浦是英国著名的商业中心，有不少购物中心、精品商场、农贸市场等可以满足你的购物需求，在利物浦能买到富有个性的当地品牌、著名的奢侈品、街边小手工品、名人艺术家的大作等。利物浦的艾伯特码头、爵士街、波德大街、教堂街和克莱顿广场都是购物集中地，特别是艾伯特码头及周围的区域，聚集了很多大型商场及美食区。此外，利物浦还有利物浦特斯科（TESCO）、塞恩斯伯里（Sainbury）等几大超市。

● The Metquarter

The Metquarter是利物浦一个比较现代化的购物中心，现已有40多个品牌在此落户，包括Armani、Timberland、Hugo Boss、Hobbs等。这个商场还有很多购物之外的乐趣，

245

室内照明是商场的亮点，由多个发光的雕塑进行装饰；里面还有一个大型的70米高的天花板艺术作品。整个购物中心外观看上去也非常壮观，里面更是以极强的艺术感营造了一个独特的购物氛围。

- ■ 地址：35 Whitechapel, Liverpool
- ■ 网址：www.metquarter.com
- ■ 电话：0151-2242390

● 利物浦第一购物中心

利物浦第一购物中心（Liverpool One）位于离艾伯特码头不远的地方，是利物浦最知名的购物中心，也是欧洲领先的集购物、休闲、娱乐为一体的综合露天购物中心。这里汇集了160多家品牌店，包括John Lewis、苹果专卖店等。此外，这里还有许多独立的精品店，如设计师名店

Flannels、Urban Out fitters，以及漂亮的乡村风格家用品店Cath Kidston等。

- ■ 地址：5 Wall Street, Liverpool
- ■ 网址：www.liverpool-one.com
- ■ 电话：0151-2323100

● 克莱顿广场购物中心

克莱顿广场购物中心（Clayton Square Shopping Centre）距离教堂街非常近，里面的商品以饰品、包、服饰、化妆品等为主。这里时常打折，经常能以比较低的价格买到不错的商品，是平价购物的好去处。购物中心旁还是利物浦的美食集聚地，有很多在当地很受欢迎的美食餐厅。

- ■ 地址：Great Charlotte Street, Liverpool
- ■ 网址：www.claytonsquare.co.uk
- ■ 电话：0151-7094560

利物浦其他购物地推荐				
名称	特色	地址	电话	开放时间
韦德·史密斯（Wade Smith）时装店	被誉为利物浦的"时装王国"，出售利物浦最时尚、潮流的品牌服饰，同时最新款的Gucci、Prada等名牌产品也能找到	42 Hope Street, Liverpool	0151-7071220	周一至周六9:30~17:30，周日12:00~16:00
圣约翰市场（St. Johns Market）	一共2层，店面以小型超市、休闲运动服饰、鞋、箱包、饰品店为主，价格便宜。二层有蔬菜、肉类零售市场，以及杂货市场	St. Johns Shopping Centre Elliot Street, Liverpool	0151-7088948	周一至周六9:00~18:00（周四延长至19:00），周日11:00~17:00
REISS利物浦店（REISS Liverpool）	一家品牌时装店，出售REISS自有品牌商品，其服装不论是质量还是款式都非常不错	46-48 Stanley Street, Liverpool	0151-2279157	周一至周六9:30~17:30，周日9:00~17:00

在利物浦的出行

利物浦的市内交通比较发达，有巴士、观光巴士、轻轨、出租车等。由于利物浦的城区面积不是很大，再加上公共交通网的覆盖密度比较高，所以到达城市的任何一个地方都比较方便。需要注意的是，在利物浦乘车时要准备好零钱买票。前往一些重要景点参观时建议乘坐专门的观光巴士。

巴士

利物浦巴士主要由Stagecoach Merseyside及Arriva North West公司运营，主要的巴士车站是第一巴士站（Liverpool ONE Bus Station）和皇后广场站（Queen Square），在这两个巴士车站乘坐巴士可到达市内主要景点。乘坐巴士，需在上车后到司机处购买车票，最好备好零钱。在利物浦游览，可使用Saveaway公共交通票，这种票适用于市内所有交通工具。当地公交线路中带有字母N（Night缩写）的线路是夜间车，只在周五、周六的晚间运行。

观光巴士

利物浦的观光巴士和伦敦的很相似，也是红色，乘坐观光巴士可纵览利物浦主要街道和绝大部分景点。观光巴士的行驶时间约为1小时，在各个车站均可下车。观光巴士在4～10月每20分钟一班车，11月至次年3月每30分钟一班车。成人票价10英镑，

儿童票价为5英镑，学生及老人的票价为6英镑。一次购票在24小时内有效。更多信息可登录官网www.city-sightseeing.com查询。

轻轨

在利物浦乘坐轻轨观光游览，是一种比较快捷的交通方式。利物浦市中心的主要站点有Central、Lime Street、Moorfields和James Street。最受游客欢迎的线路是从Dale Street出发到利物浦商业中心的Moorfields轻轨线路，其连接了利物浦主要的景点和商业中心。

出租车

在利物浦，需要到固定的出租车搭乘点搭乘出租车，在莱姆大街火车站（Lime Street Station）、詹姆士街火车站（James Street Station）和托马斯街（Sir Thomas）都有搭乘点。此外，也可以打电话预约出租车，电话预约比较方便，而且可以享受优惠。当地的Mersey Cabs公司提供出租车服务，预约电话为0151-2982222。

利物浦

甲壳虫乐队之旅

利物浦是著名的流行音乐之都。在20世纪60年代，利物浦的甲壳虫乐队登上舞台，掀起了前无古人后无来者的音乐风暴，甚至改变了整个世界流行音乐的走势。在利物浦，你将与"不灭的甲壳虫乐队"重逢。在这里聆听他们演唱过无数脍炙人口的歌曲，也可寻找一下他们在这座城市的足迹，这无疑会让你的利物浦之旅别样精彩。

蜚声乐坛的甲壳虫乐队

甲壳虫乐队（The Beatles）又称披头士乐队，由约翰·列侬、保罗·麦卡特尼、乔治·哈里森和林戈·斯塔尔4名成员组成，是20世纪最伟大的乐队之一，也是最具知名度的流行音乐乐队。甲壳虫乐队成立于1960年，其音乐风格源自20世纪50年代的摇滚乐，其开拓了迷幻摇滚、流行摇滚等音乐样式，对流行乐坛产生了深远的影响。

1961年，甲壳虫乐队在位于利物浦马修街上的"洞穴俱乐部"进行首次表演，也就在当年，他们被唱片公司老板布莱恩·爱泼斯坦（Brian Epstein）看中，并在他的扶持之下迅速成长。1962年乐队发行首支单曲*Love Me Do*，1963年发行首张专辑*Please Please Me*。甲壳虫之风迅速从利物浦蔓延到整个英国，并在短短的时间内风行全世界。直到1970年乐队解散，甲壳虫乐队的地位仍无人能撼动。乐队解散后，乐队成员还是有所合作，延续着自己的传奇。

1965年10月26日，伊丽莎白女王在白金汉宫颁授不列颠帝国勋章给每一位甲壳虫乐队成员；1988年甲壳虫乐队进入摇滚名人堂；1996年获得第39届格莱美最佳流行乐队奖。从1964年到2014年，仅乐队本身就获得了14项格莱美大奖。2004年《滚石》杂志评选了"历史上最伟大的50位流行音乐家"，其中披头士乐队排名第一位。2008年他们在美国公告牌"最杰出音乐人Hot 100"榜单上名列榜首，并在"最多冠军单曲"榜单上排名第一。2012年，英国官方排行榜公司公布了英国最畅销乐队排行榜，甲壳虫乐队毫无疑问的名列榜首。

1980年12月8日，乐队主唱约翰·列侬在纽约被自己的歌迷枪杀，成为音乐迷心中永远的伤痛。2001年11月29日，甲壳虫乐队的吉他手乔治·哈里森因肺癌去世。这个曾经叱咤风云、带给我们无数欢乐和感动的乐队虽已老去，但他们留下的传奇将永不褪色。

甲壳虫乐队魔幻传奇巴士之旅

尽管甲壳虫乐队已经成为过去，但他们创造的音乐传奇依然为人们敬仰和热爱。时过境迁，他们的歌迷有增无减，如果你是个甲壳虫乐队迷，就一定要在利物浦开启一场寻找乐队传奇之旅。作为甲壳虫乐队的发源地和主要活动地，利物浦有众多与这个乐队相关的地方。除了甲壳虫乐队传奇博物馆，还可以去下面介绍的地方一赏那个经典乐队的传奇姿彩。

利物浦的魔幻传奇巴士，提供约2小时"甲壳虫之旅"，将带你去看与这个乐队有关的地方，带你感受当年流行的音乐风暴。巴士从艾伯特码头的魔幻传奇巴士之旅售票处开始，在旅程中你将会看到甲壳虫乐队成员的童年家园、上学的学校，以及出现在音乐专辑里的便士街和草莓园等。

● 利物浦名人墙

利物浦名人墙是为了庆祝1953年以来，在英国音乐榜上取得单曲排名第一记录的音乐家而建。此墙设立于2001年3月14日，坐落于洞穴俱乐部对面的马修大街（Mathew Street）上，距离20世纪70年代至80年代初深受欢迎的音乐表演场地艾瑞克（Eric's）只有几步之遥。在利物浦名人墙上，甲壳虫乐队及其成员分外的显眼。在这里，你这可以了解一下英国的音乐历史，看看那些传奇的音乐名人。

● 洞穴俱乐部

洞穴俱乐部（The Cavern Club）是位于利物浦马修街10号的一家俱乐部。洞穴俱乐部开业于1957年1月16日，当时是一家爵士乐夜店。在20世纪60年代，洞穴俱乐部成为利物浦的摇滚乐中心。甲壳虫乐队在出道初期就在洞穴俱乐部进行表演，也正是在这个俱乐部他们得到了后来的经纪人布莱恩·爱泼斯坦（Brian Epstein）的青睐，从此，他们开始了属于自己的辉煌。原本的洞穴俱乐部在1973年3月歇业。 1984年4月26日，洞穴俱乐部重新开业，并且使用了不少当年使用过的东西。

● 利物浦便士街和草莓园

很多利物浦的景点都出现在披头士乐队的MV中。在著名歌曲 *Free as a Bird* MV中，先是拍到一只鸟飞跃草莓园的大门，下一个镜头就是便士街。便士街古色古香，充满了20世纪50年代的气息。草莓园本来是一座维多利亚大宅，其经典的入口得以保留。在约翰·列侬小的时候，非常喜欢在这里的花园中庆祝各种节日。草莓园曾是孤儿救济院，约翰不完整的家庭使得他和住在这里的孤儿们有很多共同点。

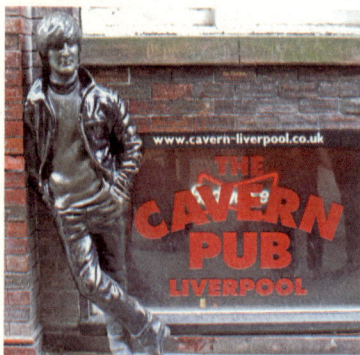

● 约翰·列侬童年的家

约翰·列侬童年的家就是蒙迪斯，是一个20世纪30年代建的半连体屋，属于约翰的阿姨及其丈夫的房产，现被列为国家二级保护建筑。约翰从5岁开始住在蒙迪斯，当时由于家庭问题，他的母亲将他安置在他阿姨家住，他也便在蒙迪斯住了整整17年，直到1963年22岁时才搬出。

⭐ 利物浦省钱大比拼

对孩子优惠的景点			
景点名称	孩子玩点	优惠信息	地址
甲壳虫乐队传奇博物馆	参观和甲壳虫乐队有关的展品，观看演唱会视频	成人14.95英镑，5~16岁儿童9英镑	Britannia Vaults, Albert Dock, Liverpool
艾伯特港口	欣赏港口区的美景	免费	Strand St., Liverpool
利物浦世界博物馆	去各大主题展览，参加丰富多彩的活动	免费	William Brown Street, Liverpool
默西塞德海事博物馆	观看各种与航海有关的展品	免费	Albert Dock,Liverpool Waterfront, Liverpool
国际奴隶博物馆	了解奴隶贸易	免费	3rd Floor of Merseyside Maritime Museum, Albert Dock, Liverpool
草莓园	在幽美的花园中散步	免费	Beaconsfield Road, Liverpool

最解闷的旅行游戏

互动游戏

大眼瞪小眼

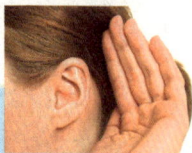

场合： 各种交通工具上

道具： 无

人数： 2人

规则： 父亲/母亲和孩子面对面近距离坐着，眼睛看着眼睛，不能移开目光，也不能眨眼，谁先眨眼或者谁先笑等，就算输，要接受惩罚（唱歌、背诗等）。

数数字

场合： 各种交通工具上；或者休闲等待的场合

道具： 无

人数： 4人以上

规则： 父亲/母亲和孩子等有4人以上围坐在一起（不足也可加上别的游客），选定数字，比如3（可以2~9），从某个人开始喊1，下一个喊2，到3结尾或者3的倍数的数字时，不能喊出来，只能在桌子上轻轻击打一下，下一个喊4以此类推。

摸耳朵

场合： 各种交通工具上

道具： 无

人数： 2人

规则： 父亲/母亲和孩子摸对方的耳朵，不准用手抓住对方的手来阻止，而要在偏头躲避的同时去摸对方的。

传苹果

道具： 苹果一只

规则： 父母与孩子隔开坐成一排，用脖子和下巴、肩膀夹住苹果，一一传递，谁把苹果掉了，接受惩罚。

亮点： 这是个传统的英式游戏，非常流行，身体的碰触也很有助于增进父母与孩子之间的感情或父母之间的感情。这类游戏的同类项数不胜数，大家尽可发挥想象力，把道具变成气球或者其他。

益智玩具

猜牙签

场合： 就餐前
道具： 牙签若干
人数： 3人以上
规则： 父亲/母亲和孩子在饭桌上的经典游戏。根据参加游戏的人数，准备好同样数量的牙签。主持人把一定数量（1根到全部）的牙签捏在手里，让大家依次猜有几根。不幸猜中者，受罚，并作为下一轮的主持人继续游戏。

贴牌

场合： 随意
道具： 一副扑克牌，拿走大小王
人数： 3人以上
规则： 父亲、母亲和孩子一人抽一张牌，贴在额头上自己不许看自己的牌面，但却能看到别人的。A最大，2最小，同一个点数，花色从大到小依次为黑桃、红桃、草花、方块，大家开始依次根据别人的牌面和表情，猜测自己牌点是不是最小的。如果觉得自己最小，可以放弃，接受轻微惩罚，但不许看牌面，游戏继续进行。直到大家都不放弃时，亮牌，最小者受罚。

拼图

无论是把碎片拼接在一起形成完整图案的拼图，还是在固定的方框版里移动小木块至合适位置形成完整图案的拼图，都非常受孩子喜爱，在旅途中有这样的玩具，好静的孩子一般能玩好几个小时。最好能给孩子专门备一个装玩具的行李箱，里面装各种类型的玩具。不要装玩具刀剑等。

七巧板

七巧板源于中国，自古以来就是益智类的玩具，一副七巧板可拼成千种以上图形，如果配合两副或以上的七巧板，甚至可以做出一幅画。

英国旅游信息

中国驻英国各地使领馆

中国驻英国使领馆信息			
使馆名称	地址	电话	网址
中国驻英国大使馆	49 Portland Place, London	020–72994049	www.fmprc.gov.cn/ce/ceuk/chn
中国驻爱丁堡总领事馆	55 Corstorphine Road, Edinburgh	0131–3373220	edinburgh.chineseconsulate.org/chn
中国驻曼彻斯特总领事馆	Denison House, 71 Denison Road, Rusholme, Manchester	0161–2248672	manchester.chineseconsulate.org/chn

英国主要世界遗产名录

英国主要世界遗产名录			
中文名	外文名	列入时间	类型
爱丁堡的老城和新城	City of Edinburgh	1985年	世界文化遗产
铁桥峡谷	Ironbridge Gorge	1986年	世界文化遗产
巨人堤道及堤道海岸	Giant's Causeway and Causeway Coast	1986年	世界自然遗产
达勒姆城堡和座堂	Durham Castle and Durham Cathedral	1986年	世界文化遗产
布莱尼姆宫	Blenheim Palace	1987年	世界文化遗产
巴斯城	City of Bath	1987年	世界文化遗产
圣基尔达	St. Kilda（Hiort）	1987年	世界自然与文化双遗产
威斯敏斯特宫、威斯敏斯特大教堂和圣玛格丽特教堂	Westminster Palace, Westminster Abbey and Saint Margaret's Church	1987年	世界文化遗产

中文名	外文名	列入时间	类型
坎特伯雷座堂、圣奥古斯丁修道院和圣马丁教堂	Canterbury Cathedral, St. Augustine's Abbey, and St. Martin's Church	1988年	世界文化遗产
伦敦塔	Tower of London	1988年	世界文化遗产
新石器时代奥克尼的中心	Heart of Neolithic Orkney	1999年	世界文化遗产
索尔泰尔	Saltaire	2001年	世界文化遗产
多塞特和东德文海岸	Dorset and East Devon Coast	2001年	世界自然遗产

带3～6岁孩子出游怎样准备行李

带3～6岁孩子出行，家长最头疼的莫过于给孩子准备的行李，下面根据孩子的年龄、所带的物品做了一些整理，可供家长参考。

分类	物品明细	详情
喂食器具	瓶刷	否则瓶子刷不干净
	奶瓶和奶嘴	够一天喂食即可
	配方奶粉	够旅途中所需即可
	汤匙	方便喂孩子吃东西
	旅行水壶	方便烧开水
应急食物	巧克力	一盒
	薄脆饼干	一包
	葡萄干	几包
卫生用品	便携式尿垫	在外行走时方便
	胶带	以防尿布上的固定带失效
	湿巾	防止皮肤感染
	尿壶	方便孩子起夜
婴儿车和背带	背带	把婴儿固定在胸前，方便安全
	婴儿车	方便孩子路途睡觉
	旅行床	节省住宿加床的开支
其他	衣服	宽松、轻便棉质衣服
	玩具	写字板、趣味书、彩笔、玩偶等

附录

零元游丛书

少花钱 ✕ 多体验
✕ 不走寻常路

1 《零元游日本》
2 《零元游美国》
3 《零元游泰国》
4 《零元游韩国》
5 《零元游澳大利亚》
6 《零元游德国》
7 《零元游东南亚》
8 《零元游俄罗斯》
9 《零元游英国》
10 《零元游加拿大》
11 《零元游欧洲》
12 《零元游中国》

一周游丛书

全新升级

1 《日本一周游》（第2版）
2 《法国一周游》（第2版）
3 《希腊一周游》（第2版）
4 《意大利一周游》（第2版）
5 《西班牙一周游》（第2版）
6 《欧洲一周游》（第2版）
7 《德国一周游》（第2版）
8 《北欧一周游》（第2版）
9 《海外一周游》（第2版）
10 《澳大利亚一周游》（第2版）
11 《美国一周游》（第2版）

自驾游丛书

1 《美国自驾 Let's Go》
2 《欧洲自驾 Let's Go》
3 《中国自驾 Let's Go》
4 《加拿大自驾 Let's Go》
5 《澳大利亚自驾 Let's Go》

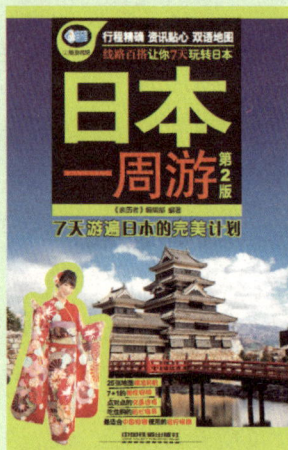

分享**快乐** 分享**旅行**